성공이 그대를
부르기 전에

성공이그대를 부르기 전에

인생을 잃지 않고 일에서 성공하는 법

롭 파슨 지음_최정숙 옮김

THE HEART OF SUCCESS

목 차

머레이 교수의 성공학 강의
일과 인생에 대한 7가지 법칙

나는 20년 이상 세계 각국의 세미나에 참석하여 진정한 성공에 대해 이야기해 왔다. 이를 통해 나는 이제 막 직장생활을 시작하는 수많은 사람들과 그들을 채용한 기업들에게 머레이 교수의 '일과 인생에 대한 7가지 법칙'을 소개했다. 이제 이 책을 통해 이들 법칙에 대한 나의 견해를 펼쳐 보이고자 한다. 그 전에 우선 머레이 교수와 젊은 MBA 학생이 어떻게 만나게 되었는지를 알아야 한다. 곰팡내 나는 도서관에서 머레이 교수와 우연히 만난 후 그 학생의 인생은 영원히 바뀌었다. 사, 그럼 그 25년 전의 사건으로 되돌아가 보자.

머레이 교수와의 조우

10월 8일 월요일, 저녁 9시 45분

머레이 교수와 MBA 재학생

어떤 이들은 탐 머레이 교수가 경영학 대학에서 가르친 기간은 학교 역사만큼이나 길다고 말했다. 아무튼 머레이 교수가 그곳에 없었던 시절을 기억하는 사람은 아무도 없었다. 또 그의 나이에 대해서도 아주 늙었다는 것 외에는 확실히 아는 사람이 없었다. 머리는 항상 길게 기르고 있어, 60년대에는 반항아 기질을 나타내기 위해 장발을 하던 학생들을 무색하게 만들기도 했다. 아직도 머리 모습은 그대로이지만 머레이 교수는 이제 백발이 되어 마치 구약성서에 나오는 선지자처럼 보였다.

그는 별난 교수였다. 우선 그는 단 한 권의 책도 쓰지 않았다. 전국의 모든 출판사들이 머레이 교수의 문을 두들겨봤지만 그의 대답은 한결같았다.

"나는 가르치는 일이 좋아요. 내가 책을 쓰는 동안에는 가르칠 수가 없을 테고 그러면 가르치는 일을 그리워하게 될 겁니다."

그렇다고 해서 탐 머레이 교수가 상아탑 안에서만 머문 것은 결코 아니었다. 그의 문 앞에 늘어선 출판사들 바로 뒤에는 〈포춘〉지 선정 500대 기업에 속하는 회사 사장들이 '자신들이 안고 있는 문제들에 대해 도움'을 받고자 진을 치고 있었다. 머레이 교수는 이들의 청은 항상 들어줬다. 그는 회사, 무엇보다도 그 회사에서 일하는 사람들과 관계하는 것을 좋아했다. 그래서 늘 그들에게 해줄 이야기를 준비하고 있었다. 원래는 무미건조한 기업 이론이지만 묵은 먼지를 털어내어 다시 생명력을 얻게 된 이야기들, 절대 '몰락할 수 없는' 회사였으나 타이타닉호보다 더 빨리 가라앉은 회사들에 대한 이야기들, '가망 없는' 아이디어들이 시장을 뚫고 들어갔을 뿐 아니라 새로운 시장을 창출하기까지 한 이야기 등이었다.

머레이 교수는 또 학생들이 사랑하는 스승이었다. 학생들은 그의 가르침과 그가 해주는 이야기들을 사랑했다. 그러나 그의 가르침이나 이야기보다 학생들이 더 사랑한 것은 인간 머레이 교수였

다. 정말 그러려나 싶고 어쩌면 너무 감상적으로 들릴 수도 있지만 이는 사실이었다. 1학년 때 그의 강의를 듣고 지금은 거대 기업들을 이끌고 있는 남녀 제자들에게서 그는 아직도 편지를 받고 있다. 대개의 경우 그들은 자녀, 결혼 생활 혹은 결혼의 파탄, 자신들의 희망과 두려움 등 그냥 자기들이 사는 이야기들을 했다. 그는 그가 기억할 수도 없을 정도로 많은 학생들에게 아버지와 같은 존재였다.

머레이 교수에게는 또 한 가지 특별한 점이 있었다. 그가 50년 이상 가장 친하게 지내는 친구는 대학 도서관 청소부인 클락 루이스였다. 클락은 머레이 교수보다 나이가 더 많았지만 그들은 까마득한 옛날부터 일 주일에 한 번은 반드시 함께 브리지 게임을 했다. 또 10년 전 머레이 교수가 정년퇴직한 이후에는 월요일만 빼고 거의 매일 저녁 게임을 했다. 월요일마다 클락은 도시 근교에 살고 있는 딸의 가족을 만나러 갔고, 그래서 월요일 저녁은 머레이 교수가 도서관 잠그는 일을 대신 해줬다. 물론 친구를 돕느라고 하는 일이기도 했지만 사실 그는 그 일을 아주 즐겼다. 도서관 서가 사이를 돌아다니며 책들을 정리하고, 낡은 건물에서 나는 퀴

퀴한 곰팡이 냄새를 즐길 수 있었기 때문이다.

그는 처음 거대한 목재문을 열고 들어선 순간부터 도서관을 좋아했다. 도서관은 대학 캠퍼스가 다 내려다 보이는 언덕 꼭대기에 위치해 있었다. 빅토리아식 건축 양식의 도서관 건물은 유리로 둘러싸인 캠퍼스의 다른 현대식 건물들보다 여러 면에서 뛰어났다. 이 경영대 도서관에는 형광등 같은 것은 없었으며 높고 화려한 천정에 번쩍이는 샹들리에가 달려 있었다. 샹들리에가 던지는 불빛은 고르지 않아 작은 활자를 읽기에 적합한 것은 아니었으나 온갖 효율성의 본거지인 이 건물에서 과거의 위대함에 대한 그 정도의 경의 표시는 별 비판 없이 받아들여지고 있었다.

책들은 벽뿐 아니라 바닥, 온갖 구석, 학생들이 기대 졸기도 하고 때로는 낙서도 하는 책상 위에도 널려 있었다. 책상에는 자못 철학적이라 굳이 지우지 않고 남겨놓은, 주인 모르는 낙서들도 있었다. 장서들은 엄청났다. 경제학과 경영학 이론에 대한 장서들은 300년 이상을 거슬러 올라가는 것들도 있었다. 다른 책들을 밀어내고 베스트셀러 리스트에 올랐다가 결국에는 밀려난 책들, 출간 당시에는 아주 획기적인 것이었지만 이제는 너무 당연해 고리타분해진 책들, 성공을 약속하고 있는 책들, 실패 사례를 세심하게

열거한 것 등 온갖 종류의 책들이 다 있었다.

매일 밤 9시 45분이 되면 청소부는 중앙 도서관의 괴괴한 정적을 깨며 종을 울려 잠자는 학생들을 깨우고 이용자들에게 10시 정각에 문을 닫는다는 사실을 미리 예고했다. 그러나 10월 8일 월요일 밤, 서가 사이를 돌던 머레이 교수는 벨을 울릴 필요조차 없음을 알았다. 눈앞에 보이는 것은 줄줄이 늘어서 있는 빈 책상들 뿐으로 중앙 열람실은 텅 비어 있었다.

그러나 클락이 일은 언제나 똑같은 방식으로 해야 한다고 엄중히 지시했기 때문에 머레이 교수는 착실하게 구리 망치를 들어 큰 종을 쳤다. 고른 종소리가 중앙 열람실에 묵직하고 느리게 울렸다. 도서관 전체로 깊은 종소리가 퍼져나갔다. 종소리들은 아담 스미스의 『국부론』을 스치고 지나 『포드 자동차 약사(略史)』가 놓여 있는 구석을 거쳐 좀더 현대적 장서들이 있는 서가 쪽으로 흘러갔다. 그리고 팀 구축과 개인주의, 우수 집단과 최종 결과, 경제 활황과 불황, 침체와 회복, 주식 시장 불황과 활황, IQ, EQ, 실업 수당 행렬 등 각종 도서와 각종 이론을 훑고 지나갔다.

그 때 머레이 교수는 서가 맨 끝쪽, 산업계 정기간행물과 〈하버

드 비즈니스 리뷰〉지 서가 바로 뒤에서 검은 그림자가 움직이는 것을 보았다. 그는 이제 시력이 예전 같지 않았기 때문에 두 차례 눈을 깜빡여봤다. 깜짝 놀란 건지, 겁이 난 건지, 아니면 그냥 신경이 쓰였던 것인지 당시 느낀 기분이 어땠는지는 확실치 않지만 아무튼 머레이 교수는 수십 년 간 열람실 서가 사이를 돌아다니면서도 한 번도 한 적이 없는 행동을 했다. 그는 목소리를 높여 외쳤다.

"거기 누구 있습니까?"

한 청년이 서가 사이에서 흐릿한 불빛 아래로 걸어 나왔는데 머레이 교수보다 더 놀란 것 같았다. 그는 머레이 교수 쪽으로 걸어왔다.

"자네, 돌아갈 집이 없나?"

"죄송합니다. 좀 정신이 팔려 있어서요. 지금 바로 나가겠습니다."

"아니, 괜찮네. 아직 문 닫으려면 15분이나 남아 있네."

"아닙니다. 저 이제 대충 끝난 것 같아요."

"뭐 내가 도와줄 일이라도 있나?"

자기가 이야기하고 있는 사람이 누구인지 알았다면 그 청년은 당장 도망쳤을 것이다. 그러나 늙은 청소부는 순해 보였고 그는

누군가와 이야기를 하고 싶었다.

"저는 내일 MBA 과정을 시작하거든요. 지난해 아버지가 돌아가셨어요. 아버지는 한 회사의 CEO(최고경영자)였고 제가 여기서 공부해 사업가가 되기를 크게 바라셨으니까 자랑스러워 하실 겁니다. 아버지는 하는 일마다 거의 다 성공하셨어요. 완전히 무에서 시작한 회사를 수백만 파운드 규모의 회사로 키웠고 다른 사람들이 불가능하다고 생각한 시장에 뚫고 들어갔지요. 〈하버드 비즈니스 리뷰〉지는 아버지를 '유례 없는 성공 사례'라고 말했습니다."

"물론 아버지가 자네의 지금 모습을 볼 수 있다면 자랑스러워 하실 걸세. 아버지를 모범으로 삼아 따라가도록 노력하게나." 머레이 교수가 그렇게 말한 후 돌아서는데 청년이 머레이 교수의 팔을 잡았다.

"아버지가 무슨 일이건 거의 다 성공했다고 말씀 드렸지요. 오늘 제가 도서관에 온 것은 아버지의 성공이 다가 아닌 '거의 다'였기 때문입니다. 어릴 때 저는 아버지를 볼 수 있는 기회가 별로 없었습니다. 다른 부모님들은 아이들이 축구 시합하는 것을 보러 왔지만 우리 아버지는 한 번도 온 적이 없습니다. 한 번은 학교 연극에서 주연을 맡은 적이 있는데 아버지는 막이 내려갈 때가 되서

야 왔습니다. 우리는 침실이 20개나 되는 저택과 자가용 비행기까지 갖고 있었고, 나는 다른 아이들 같으면 꿈에서나 쥐어볼 수 있는 장난감들을 갖고 있었습니다. 그런데 아버지만은 없었지요. 아버지에게는 15,000명이나 되는 직원과 12명의 이사진이 있었지만 진정한 친구는 없었습니다. 사업상 남들과 수천 번의 점심식사를 했으면서도 종국에는 정말 자신의 문제에 대해 이야기할 수 있는 상대가 한 명도 없었지요. 아버지의 60세 생일 파티에는 손님이 5천 명이나 왔으면서도 정작 아버지의 장례식에는 50명밖에 오지 않았습니다. 아버지는 너무 일찍 돌아가셨습니다. 자신을 너무 혹사했기 때문이지요. 내가 아버지와 같은 대가를 치르면서까지 성공하고 싶은 건지 잘 모르겠습니다. 그래서 '무엇이 성공인가, 성공하면서도 자신의 인생을 가질 수 있는 것인가?' 하는 한 가지 단순한 질문에 대한 답을 찾기 위해 책을 뒤지고 있었습니다."

머레이 교수는 자녀 5명에 손자 10명을 두고 있었고, 자신이 아직 가족처럼 여기고 있는 과거에 가르친 제자들은 수백 명에 이르렀다. 그는 이 청년의 얼굴에 나타난 표정을 이미 수천 번 보아왔다. 그 청년은 너무나 절박해 보였다. 노교수는 청년에게 빈 의자

를 하나 갖다 주고는 앉으라고 했다.

"이보게, 고백할 게 하나 있네. 나는 청소부가 아닐세. 지금은 정년퇴직했지만 이 학교에서 기억할 수도 없을 만큼 오랫동안 경영학을 가르쳤어."

젊은 학생은 눈이 휘둥그레졌고 머레이 교수의 이야기가 이어지는 동안 의자를 더 바짝 끌어다 앉았다.

"무엇보다도 나는 성공에 대한 책을 저술한 사람들의 사업 활동과 노력을 관찰해 왔어요. 그 중 일부는 책을 써서 번 돈이 회사를 운영해서 번 것보다 더 많은 경우들도 있었네. 그러면서도 그들이 누린 행복이라는 것은 1차원적인 것 같았지. 어떤 사람들은 해가 지는 모습을 볼 시간은커녕 침 뱉을 시간도 없었네. 또 친구 숫자보다 갖고 있는 자동차 숫자가 더 많은 사람들도 있었지. 자네 나이에 이해하기 힘들지 모르지만 나는 내 청소부 친구가 그 사람들보다는 더 나은 생활을 하고 있다고 믿게 됐네."

"그러면 성공이란 환상일 뿐인가요? 성공적인 사업 활동을 하면서 자기 인생도 갖는다는 것은 불가능한 것일까요?" 청년이 말했다.

"그렇게 하는 사람들도 보기는 했지만 아주 드물었어. 수년에

걸쳐 그런 사람들의 특성을 관찰해본 결과 그런 사람들이야말로 진정으로 성공했다는 것을 믿게 됐네."

"그게 저도 배울 수 있는 걸까요?"

"우리 이렇게 하기로 하세. 여태까지 교실에서 학생들한테 한 것 중 가장 강력한 조언을 자네에게 해 주겠네. 앞으로 몇 개월 동안 도서관이 문을 닫은 다음 내 집으로 오게. 나는 저기 언덕 위에 있는 집에 살고 있어요. 내가 우리 둘이 마실 커피를 준비하고 자네에게 과거 내가 가르친 학생들이 '머레이 교수의 성공 법칙'이라고 부르는 것을 이야기해 주겠네. 첫 수업은 내일 밤 10시 정각에 시작하기로 하세."

머레이 교수는 청년의 얼굴에 그날 밤 처음으로 환한 웃음이 도는 것을 보았다.

"그럼 가서 뵙겠습니다. 그리고 제 이름은 잭입니다."

머레이 교수는 도서관 앞에서 새로 얻은 제자를 배웅하고 캠퍼스에 깔린 어둠이 그를 거의 삼켜버릴 때까지 그가 걸어가는 모습을 지켜봤다. 갑자기 청년이 돌아서서 외쳤다.

"교수님, 강의 제목이 뭡니까?"

　미소를 지으며 건물 안으로 발길을 옮기려던 노교수는 그 소리에 발길을 멈추고 뒤를 돌아봤다. 그리고 혼자 웃었다. 아무리 열심히 찾아봐도 청년의 모습은 이미 시야에서 사라진 지 오래였다. 그래도 그는 언덕 아래의 어둠 속에 대고 외쳤다.

　"잭, 강의 제목은 '인생을 잃지 않고 일에서 성공하는 법'으로 합시다."

　그날 밤 자기 아파트로 돌아가서도 잭은 그가 앞으로 탐 머레이 교수와 함께 보낼 시간들이 자신의 인생을 완전히 바꾸게 될 것이라는 것은 전혀 생각지 못하고 있었다. 이제 여러분들도 이 두 사람의 잊지 못할 일곱 차례 만남의 의미를 가슴에 새기기 바란다. 25년 전 가을, 늦은 밤 강의에서 두 사람 사이에 오간 자세한 대화 내용은 녹음된 것도, 녹화된 것도, 기록된 것도 없다. 하지만 머레이 교수의 7가지 법칙은 너무나 잘 알고 있으므로 우선 두 사람이 매번 만나는 모습을 소개한 후에 오늘날 그 법칙들이 기업과 개인들에게 어떤 영향을 미치는지에 대해 내가 생각하는 바를 설명하도록 하겠다.

　탐 머레이 교수는 이미 오래 전에 고인이 됐고 잭도 이제는 50대

에 가까워지고 있지만, 머레이 교수의 법칙은 그때와 마찬가지로
아직도 여전히 유효하다는 데 여러분들도 동의할 것이라 믿는다.

10월 9일 화요일, 밤 10시

머레이 교수는 잭이 노크를 하자마자 문을 열고 그를 맞았다. 그의 집은 지나간 시절들을 생각나게 했다. 벽난로에서는 작은 석탄불이 빨갛게 타고 있었고 그 양쪽 옆에는 가죽 안락의자가 놓여 있었다. 의자의 좌석 부분은 너무 꺼져있어 거의 바닥에 닿을 정도였다. 벽에는 온통 사진이 걸려 있었다. 어린아이와 강아지들 사진이 있었고, 결혼식 날 젊은 신랑과 신부의 모습을 담고 있는 사진도 한 장 있었다. 머레이 교수는 새 제자에게 사진들을 하나하나 가리키며 왜 그것들이 자신에게 귀중한지를 설명해줬다. 그런 다음에는 파이프에 불을 붙이고는 자리에 앉으라고 권했다.

"자, 잭, 수업을 시작합시다. 훌륭한 교수님들이 모두 다 그렇게 하듯이 나도 오늘 첫 수업에서 자네에게 기말고사에 나오는 문제를 미리 알려주고 앞으로 학기 내내 수업시간에 그 답을 가르쳐주기로 하지! 문제는 '진정한 성공은 무엇인가? — 어떻게 일과 인생에서 이를 찾을 것인가?' 하는 것일세."

"그리고 제일 어려운 첫번째 법칙은…"

첫 번째 법칙

가진 게 돈밖에 없는
시간 가난뱅이가 되지 말라

가진 게 돈밖에 없는 시간 가난뱅이가 되지 말라

내가 그 광경을 본 것은 더운, 아니 아주 푹푹 찌는 캘리포니아에서의 어느 늦은 오후였다. 때 이른 퇴근 차량 행렬들로 인해 로스앤젤레스에서 외곽으로 나오는 고속도로는 차들이 거의 멈춰선 상태였다. 차에 앉아 나는 주변의 다른 운전자들을 둘러봤다. 내 왼쪽 차선에 있는 운전자는 죽었는지 아니면 낙담해서인지 아예 운전대 위에 엎드려 있었다. 그 앞 차에 탄 커리어 우먼 차림의 여자는 휴대폰과 차 뒷좌석에서 극성을 부리며 엄마를 미치게 만드는 아이들에게 번갈아가며 소리를 질러댔다. 오른쪽 차선의 포르셰를 탄 남자는, 글쎄 뭐랄까 불안해 보였다. 그는 아까운 에어컨 바람을 낭비하면서까지 창문을 내려 고개를 내밀고는 앞을 막고 있는 차들을 향해 뭐라 소리를 질렀다. 그리고 나서도 성이 안 찼는지 그 남자는 얼마 동안 휴대폰을 잡고 역시 악을 써댔다. 그 포르셰와 내 차는 최소한 약 8km 정도를 나란히 옆에 서서 왔고 나는 그 남자가 너무 흥미로웠다. 남자의 얼굴은 점점 붉어졌고, 포르셰의 차내 에어컨 기능이 어느 차에도 뒤지지 않음에도 불구하고 땀을 비오듯 흘리고 있었다.

이 일종의 판토마임에 너무 빠져 있다가 나는 앞차가 약간 전진하는 것도 미처 알아채지 못해 엑셀을 밟는 동작이 좀 느렸나 보다. 그러자 포르셰 남자는 좀더 빨리 움직이는 차선으로(결국은 아닌 것으로 밝혀졌지만) 끼어 들어올 기회를 보고 재빨리 차를 움직였다. 작은 로케트처럼 생긴 차가 급히 내 차 앞의 빈 공간으로 들어왔다. 그래서 그의 뒤쪽 범퍼를 보게 됐는데 거기에는 포르셰 남자의 모토가 적힌 스티커가 붙어 있었다.

"장난감을 가장 많이 차지하고 죽는 사람이 승자이다."

그 이후로 자주 그 남자 생각이 난다. 고백하건대 그 남자가 아직도 살아있을까 궁금한 적도 한두 번 있었다. 또 정말 살아있지 않다면 그가 쟁취한 것은 과연 무엇일까를 생각해 보았다. 그러나 무엇보다도 그에 대해 많이 생각하게 되는 것은 바로 그 남자가 새로운 부류의 가난뱅이의 전형으로 여겨지기 때문이다. 그 사람들은 생활수준은 높을지 모르지만 삶의 질은 형편없는 것이다. 그들은 시간을 절약할 수 있는 온갖 종류의 최첨단 도구들을 갖추고 있으면서도 한결같이 "하루가 너무 짧다"고 불평한다. 그들은

최신 통신 기술을 갖추고 있어 언제, 어디서든 연락이 됨에도 불구하고 자신들이 사랑하는 사람들과의 의사소통은 거의 불가능한 것을 발견한다. 또 별장까지 있지만 정작 집에서 지낼 시간도 별로 없다. 그들은 모든 걸 다 갖고 있으면서도 실제로는 가진 게 아무 것도 없는 것이다.

나는 그런 범퍼 스티커를 붙이고 다니는 남자의 심리를 이해하며, 어떤 때는 내가 아는 사람처럼 느껴진다. 그는 아이들이 잠에서 깨기도 전에 출근하며, 아이들 잠자리에서 마지막으로 동화책을 읽어준 것이 언제인지 기억도 못하는 사람이다. 그는 딸의 발레 발표회에 가기 싫어서 안 가는 것이 아니다. 정말 그러고 싶은 마음은 있지만 그게 불가능하다고 생각하는 것이다. 물론 그도 휴일에는 부인이 애원하듯이 그냥 쉬고 싶지만 '사무실에 전화 한 통만' 하는 충동을 거역할 수 없는 것이다. 그는 친구들과 보낼 시간도 없다. 건강 보험, 휘트니스 클럽 회원권에 그가 다니는 회사에서는 사내 스트레스 강좌까지 마련해 놓고 있지만 그의 몸은 만신창이이다. 그는 잠도 잘 못자고 곧 두 번째 심장발작을 겪게 될 상태에 있다. 이 남자가 파악하지 못하고 있는 모든 문제 중에서도 가장 치명적인 것은 '시간적 빈곤'이다. 그는 돈 부자에 시간

가난뱅이인 것이다. '시간 가난뱅이'에 대한 정의는 전직 미국 상공회의소 회장의 표현이 아주 적절한 것 같다.

"기업체 간부 중에서 영양제 복용량이 진정제 복용량보다 많아 매주 정신과 의사를 만나러 갈 기력이 남아있는 사람이라면 잘 적응하고 있는 것이다."

이상한 일은 이런 사람은 온갖 우수한 자격을 갖추고 있음에도 불구하고 뭔가 빠져있는 듯한 삶을 사는 것이다. 이는 나만의 생각은 아니다. 저명한 헤드헌터 한 사람도 이렇게 말했다.

"요즈음 전형적인 CEO 후보는 나이는 48세이지만 정신 연령은 채 22세도 안 되어 어쩔 수 없이 뭔가가 좀 부족한 사람들 같다. 그런 사람들은 골치 아픈 요구사항도 많고 집에서든 사무실에서든 완전히 남들의 도움에 의지해야 한다."

시간적 빈곤은 눈에 잘 띄지 않는다. 흔히 생활의 다른 부분들은 아주 순조롭게 보이기 때문이다. 그런 사람은 높은 생활수준을

유지하며 자기가 사랑하는 사람들의 모든 물질적 요구를 만족시켜줄 수 있다. 아이들은 생일과 크리스마스 때 비싼 선물을 받고 최고 학교에 다닌다. 또 이들은 여가 활동도 많이 하는 것처럼 보이기 때문에 시간 가난뱅이라는 사실을 알아채기가 더 힘들다. 가족들은 일년에 수차례씩 휴가를 갈 수도 있고, 시골에 별장도 갖고 있으며, 헬스 클럽, 휘트니스 클럽 회원권도 갖고 있다. 그러나 그런 온갖 혜택과 가정부, 패스트푸드, 탁아소 등 넘치는 서비스를 누리면서도 이들 시간 가난뱅이들은 분주하고 쫓기는 생활을 하며 자신들의 삶을 뜻대로 살 수가 없다. 그들은 자신에게 필요한 것은 더 나은 조수를 구하는 것이라고 스스로에게 이른다. 그래서 요즘 바쁜 기업체 간부들을 위한 서비스 사업 중 가장 급성장하고 있는 것이 '가사 관리사'라고 한다. 이들은 자녀들의 생일 파티를 준비해 주고 또 가족 앨범도 정리해 준다. "오늘 밤에 네 잠자리 봐주지 못해 미안하다"는 내용의 카드도 이들이 준비해 준다. 지금은 마사지 업소에 가는 시간을 절약시켜 주기 위해 고객 사무실까지 방문해 스트레스 해소용 마사지를 해 주는 서비스도 등장했다고 한다. 그 뒤에는 사무실 의자에 앉아 치료를 받을 수 있게 해 주는 치과 의사가 기다리고 있다. 최고 서비스는 구두

닦이 소년이 사무실에 와 구두를 닦아주는 것으로, 덕분에 머리 속은 약간 멍하더라도 구두만큼은 반짝일 수 있다. 자, 그러면 이 세 가지 서비스를 동시에 받는 게 어떤가? 그래서 절약할 수 있는 시간을 생각해 보라! 어깨에 힘을 빼고, 입을 크게 벌리고, 발만 앞으로 뻗고 있으면 대성공 아닌가!

런던에서 이들 기업체 간부들을 위해 가장 최근에 도입된 '특전' 중에는 '라이프스타일 관리사'라는 서비스가 있다. 광고에 의하면 이 서비스는 '너무 바빠 업무 외에는 자신의 생활을 관리할 시간이 없는 거물 기업인들을 위한' 것이라고 한다. 이들 업체들은 개 산책 시키는 것으로부터 결혼식 준비까지 요구하는 것이면 무엇이든 해 준다고 약속하고 있다.

시간 가난뱅이들은 해가 갈수록 자신들이 "뭔가를 잃었다"고 느끼게 되고 그래서 자기들이 마치 속은 것 같은 기분을 갖게 된다. 이들 대부분은 지난 20년간 자기 인생의 황금기를 남들의 요구를 만족시키느라 뛰어다녔다. 물질적 재산은 꽤 쌓았지만 가슴 깊은 곳에서는 사랑하는 사람들과 친밀한 관계를 쌓고, 자신을 더 개발한 시간이 전혀 없었다는 생각에 시달리게 된다. 우리가 '성공'을 위해 애쓰는 동안 바로 그것이 우리가 가장 귀중하게 여기

는 이들에게 타격을 준다는 점에서 시간적 빈곤은 비극이 아닐 수 없다. 한 여성의 글을 보자.

앤디와 나는 결혼할 때는 정말 서로 사랑했습니다. 정확히 언제 우리가 멀어졌는지는 알 수 없습니다. 남편의 일이 점점 더 바빠졌습니다. 퇴근해서 집에 오면 너무 지쳐 자기가 하루를 보낸 이야기를 하거나 내가 어떻게 지냈는지 관심을 갖기는커녕 간단한 인사말을 할 힘조차도 없었지요. 나는 그게 싫었습니다. 그런데 해가 갈수록 이상한 일이 생겼어요. 남편 없이 사는 법을 배운 거지요. 마치 내 안에 있는 무엇인가가 "너는 혼자다. 너와 아이들을 위해 현실을 받아들이고 그런대로 사는 법을 배워라"라고 말하는 것 같았습니다. 그리고 어느 날 더 이상 남편을 사랑하지 않는다는 것을 깨달았지요. 한 때는 그립던 남편의 목소리가 이제는 싫었습니다. 남편도 아마 이를 눈치챘었나 봅니다. 놀랍게도 이야기를 하고 싶어했으니까요. 하지만 너무 늦었습니다. 이미 끝장이 나 있었거든요.

성공의 핵심

성공은 무엇을 의미할까? 성공은 어떻게 측정할 수 있을까? 최근 나는 철통 같은 경비가 이루어지는 감옥을 방문한 적이 있다. 거기 수감돼 있는 사람들 중에는 어떤 의미에서 아주 성공한 사람들도 있었다. 한 남자는 남들은 평생 모아도 모자랄 정도의 돈을 벌었다. 게다가 소문이 사실이라면 그 돈은 지금도 어딘가에 숨겨져 있어 그가 15년 형기를 마치기만을 기다리고 있었다. 그의 부인과 가족들은 저택에 살고 있고, 아이들은 최고급 학교에 다니고 있었으며 차고에는 아직 그가 타던 렉서스 자동차가 세워져 있었다. 그러나 그가 치른 대가는 너무 컸다.

이제 런던으로 옮겨 한 법률회사를 들여다 보자. 새로 자격증을 얻은 변호사들의 경우, 연봉이 최소한 5만 파운드에다 보너스가 있으며 파트너가 된 변호사들은 연봉을 따지는 단위부터가 달라진 지 이미 오래다. 변호사 중 한 사람은 최근 내게 이렇게 말했다.

"우리는 새벽까시, 또 주말에도 일해야 하는 경우가 자주 있기는 하지만 그렇게 나쁜 것은 아닙니다. 원하는 식사는 무엇이든 시켜 먹을 수 있고 TV와 소니 플레이스테이션 게임기까지 갖춘

휴게실이 있어 휴식을 취할 수도 있으니까요. 또 필요할 경우, 샤워실과 침실도 있어요."

위에서 말한 두 사람은, 한 사람은 감옥에 있고 한 사람은 변호사 일을 하고 있으니 물론 엄청난 차이가 있다. 그러나 중요한 것은 비록 변호사는 운동장에 조금 더 자주 나갈 수 있을지 모르지만 그의 형량은 15년이 아니라 40년이라는 사실이다.

몇 년 전, 뉴욕에서 열린 국제변호사대회에 참가하고 있을 때였다. 미국 거대 법률회사의 선임 파트너가 성장하는 회사를 만들기 위한 자신의 전략을 다음과 같이 피력하였다.

"우리는 젊은 변호사들이 연간 2,500시간 정도의 수임 시간을 올려줄 것을 바랍니다." 그는 또 말했다. "집에 가면 일의 리듬이 깨지기 때문에 사무실에 숙식 시설을 갖추고 있습니다."

그러자 회장이 몸을 돌리며 말했다.

"하지만 과로로 탈진하면 어떻게 합니까?"

그러나 그는 거침 없이 답했다.

"상관 없어요. 탈진한 사람들이야 더 이상 필요 없으니까요."

이는 전근대적 경영 방식이다. 이는 20대 초의 사람들을 뽑아놓

고는 그들이 30대 말 정도에 이르면 탈진 상태가 되게 하라고 권한다. 그 사람들은 40세가 되면 첫 번째 심장발작을 겪을 것이다. 그러면 4개월 정도 쉬다가 다시 일터로 돌아오고, 50세 때 두 번째 심장발작을 겪고는 건강상의 이유를 들어 퇴직하게 될 것이다. 그러면 법률회사는 법대를 갓 졸업한 신세대들을 고용해 똑같은 방식을 되풀이하는 것이다.

영국의 파이낸셜 타임스는 경영연구소가 발표한 〈직장생활의 질〉이라는 보고서에 대해 언급하며 이렇게 말했다. "이 보고서에 나타난 결과는 근무 시간을 줄여야 한다는 점을 부각시키고 있다. 스트레스와 탈진은 '개인 문제'로 제쳐놓더라도 모든 회사들이 가장 우려해야 하는 점은 근무시간의 비효율적 사용이다."

게다가 일부 전문직종 회사들은 문제 파악을 못하고 있는 가운데 그들의 고객인 기업체들은 이미 이 사실을 중요시 여기고 있는 것 같다. 최근 바스(Bass)라는 회사는 앞으로 모든 법률 서비스 계약서에 자사에서 고용하는 변호사들은 주당 50시간을 초과하여 일하지 않도록 의무화하는 조항을 넣겠다고 공표하여 런던 법조계를 깜짝 놀라게 했다. 변호사 서비스에 대해 시간당 300파운드

를 지급할 용의가 있지만 비행기 여행에 지치고, 삶에 지친 느려 빠진 변호사들에게는 그럴 수 없다는 것이 골자였다.

이런 문제들을 이야기하다 보면 "회사들이 타격을 받을 텐데…", "순익이 급감할 텐데…" 등 우려가 이는 것을 느낄 수 있다. 하지만 그래도 바스의 조처가 옳은 것으로 판명이 날 것이다. 혁신, 그럴듯한 전략, 전향적 사고 등도 좀 숨을 돌릴 필요가 있다. 은행 잔고는 걱정 없지만 자기는 조금 밖에 못 산다고 하면 이처럼 아이러니컬한 일이 어디 있을까?

2년 전, KPMG(국제적 회계, 세무, 법률, 경영자문회사)는 10개 항목의 가치관 강령을 도입했다. 그 중 대부분은 별로 놀랄만한 것들이 아니다. 엄청난 성공을 누리고 있는 거대 다국적 기업이 "우리는 적극적이고 혁신적인 자세로 고객을 대하며, 고객의 요구에 신속하고, 효율적이고, 공평하게 대응할 것이다"라고 공표하는 것은 충분히 예상할 수 있는 내용이다. 또 "우리는 리더들을 지원하고, 동료들을 북돋우며, 직원들의 발전을 도모할 것이다"라는 내용도 식상할 정도로 많이 들었던 것이다. 하지만 다음 두 가지 항목 같은 것은 누가 생각이나 했을까?

- 우리는 우리 자신과 우리 직원들이 개인 생활과 직장 생활 사이에서 균형을 이루도록 할 필요가 있음을 존중할 것이다.
- 우리는 경험으로부터 배우고 동료 직원들과 우리의 성공을 함께 즐기기 위한 시간을 가질 것이다.

강령은 "우리는 회사의 리더인 파트너들을 우리 직원들과 또 더 넓게 경제계의 모범으로 간주한다"라는 말로 끝을 맺고 있다.

이와 같은 이상이 하룻밤 사이에 이루어질 수 있는 것도 아니고, 또 틀림 없이 이를 실천하는 일은 이를 만드는 것보다 더 힘들겠지만 그래도 최소한 KPMG는 이를 중요한 문제로 인정하고 있는 것이다.

어느 회사나 경우에 따라서는 직원들이 오랜 시간 근무하는 것이 필요하다. 정작 문제는 이들 '오래 일하는 게으름뱅이' 들이 필요하든 그렇지 않든 그렇게 한다는 데 있다. 이들에게는 오래 일하는 것이 일종의 굳어진 방식인 것이나. 그들은 일찍 출근해 늦게 퇴근하며 항상 집까지 일을 들고 간다. 다시 말해, 이들은 정말로 시간이 촉박한지 아닌지와 상관 없이 한결같이 일에 매달려

있다. 그냥 그게 그들의 사는 방식인 것이다. 그런 사람들은 아마 이렇게 항변할 것이다. "하지만 우리 사무실에서는 항상 압박감을 느끼며 살게 돼 있다." 이는 물론 맞는 말이고 그에 대한 여러 이유들이 있다.

첫째, 많은 회사들이 '사무실 의자에 항상 양복 저고리가 걸려 있는' 문화를 갖고 있다. 런던의 한 기업체 여자 간부는 자기 회사에서는 일이 다 끝나더라도 6시에 감히 퇴근할 생각을 못한다고 했다. "열심히 일하는 사나이다운 인상을 주기 위해 사람들이 거의 9시가 될 때까지 사무실에서 어슬렁대다가 지친 모습으로 퇴근한다"고 그녀는 전했다. 또 누군가가 요즘 어떻게 지내냐고 물어보면 결코 "아, 잘 지냅니다!"라고 말하는 법이 없고 "힘들다!"고 대꾸한다고 한다. 또 자기가 아는 한 금융기관에서는 이사 두 사람이 꼭 새벽 6시에 동시에 출근을 하며 그 중 한 사람이 휴가를 갈 때만 나머지 사람이 8시 반에 출근하곤 한다고 말했다.

많은 사람들이 깨닫지 못하고 있는 사실은 부서, 기업, 조직 책임자 중 대부분이 자신에 대해 극히 불안해 한다는 점이다. 그런 이들은 아주 성공한 축으로 보이기 때문에 잘 이해가 안 될 것이다. 그러나 이들 남녀들은 평생 같은 질문을 하며 살아왔다. "다른

사람들이 나를 어떻게 생각할까?' 그래서 인생의 모든 부분에서 자신을 증명해 보이는 일에 매달리게 된 것이다. 일부는 부모, 특히 늘 성취도에 따라 자기를 평가한 아버지에 의해 그런 생각이 주입된 것일 수도 있다. 그런 사람들 중에 지금은 조직의 우두머리가 된 사람들도 있으며, 따라서 이제 더 이상 자신을 증명할 필요가 없어졌다고 생각할 수도 있다. 하지만 실제로는 이제 시작일 뿐이다. 그들은 이제 자신이 어느 누구보다도 더 열심히 일한다는 것을 보여줘야 한다고 느낀다. "더 열심히"라는 말을 잘 기억하라. 더 효율적이거나, 더 잘, 또는 더 현명하게 하는 것이 아니라 '더 열심히' 하는 것이다. 그리고 많은 경우에 '더 열심히'는 '더 오래'를 의미한다.

자신들만 그렇게 하면 또 별 문제가 안되겠지만 그런 사람들은 흔히 모든 사람들이 열심히 일하는 것처럼 보이는가 아닌가에 따라 평가되는 조직을 만들어낸다. 그런 회사에서는 동료들보다 더 높은 성과를 올리고, 더 많이 팔고, 더 많은 수입을 올리면서도 사무실에 더 오래 눌러 있기 경쟁에 끼기를 거부하는 직원들은 책임감이 없는 것으로 본다. 사람들은 이들이 성공을 거두는 것은 일 처리를 현명하게 하기 때문이라는 사실을 완강히 믿지 않으려 한

다. 대개의 경우 그냥 그 사람들 일이 쉬웠기 때문이라고 우긴다.

우리는 "얼마나 일을 오래 하느냐를 말하지 말고, 얼마나 성취했는지를 말하라"는 모토로 기업과 조직을 이끌어갈 새로운 지도자들이 필요하다. 엔지니어 회사 사장인 비키 킹에게 긴 근무시간 문화에 대해 이야기해 달라고 하자 그녀는 거침 없이 "충분한 휴식을 취해 기운이 넘치는 직원은 초밥집 주방장이 버섯을 채치듯이 일 더미를 해치울 수 있다"고 주장했다. 그녀로서는 같은 일에 시간을 가장 많이 들이는 사람들에게 상을 줄 이유가 없다고 했다. 우리는 성공적인 사람들은 회사 밖의 생활도 있고, 정말 똑똑한 사람들은 성공을 통해 자신들을 사무실 속에 가두는 것이 아니라 오히려 자유로워질 줄 아는 사람이라는 것을 보여줄 기업체 지도자들이 필요하다.

장시간 근무 문화가 그렇게 만연해 있는 두 번째 이유는 사람들이 계산 능력이 부족하기 때문이다. 연봉 5만 파운드를 받는 신참 변호사들의 경우를 다시 보자. 이는 상당히 많은 것 같이 보이지만 정말 그럴까? 이들 중 많은 이들은 하루에 14시간, 일 주일에 6일, 일 년의 약 40주를 일하고 있으므로 그들의 시간당 수당을 계

산하면 약 12.4 파운드가 된다. 연간 3만 파운드를 받는 변호사도 8시에 출근하여 6시에 퇴근하고, 주말에는 쉬며 일 주일에 50시간 일한다고 하면 시간당 수당으로 따지면 같은 액수를 받는 것이 된다. 물론 앞의 변호사들이 가용 소득이 더 많다는 것은 나도 잘 알고 있다. 그런데 문제는 그 사람들이 돈 쓸 시간이 없다는 것이다! 자신의 수입과 생활 스타일을 조화시켜 어느 정도 자기 생활을 가질 줄 아는 사람이 현명한 사람이라는 사실을 우리는 언제쯤에나 깨닫게 될까?

나 자신도 평생 거의 대부분의 시간을 기업들의 사업 확장을 도우며 보냈지만, 만약 높은 생활 수준이 오히려 삶의 질을 저하시킨다면 그것은 아무 의미가 없다고 믿게 됐다. 1999년 변호사 취업정보업체인 바이곳 빅스(Bygott Biggs)와 변호사 의료재단 솔케어(Solcare)가 공동으로 변호사들의 직장 생활에 대한 설문조사를 의뢰했다. 그 결과는 그리 유쾌하지 않았다.

- 70%는 완전히 지친 상태이다.
- 70%는 자신들이 처리해야 하는 업무량에 대해 우려하고 있다.
- 67%는 일을 마치기 위해 장시간 근무를 하고 있다.

- 남자 변호사 30%, 여자 변호사 20%는 과도한 음주를 하고 있다.
- 법조계의 알코올 관련 사망 건수는 전국 평균의 두 배이다.

한 번은 기업체 임원에게 자신의 생활 스타일에 대해 이야기해 달라고 부탁한 적이 있다. 그는 이렇게 말했다.

"아침 7시 30분에 출근했다가 9시 정도에 퇴근합니다."

토요일에 일하냐고 묻자 그렇다고 대답해 "일요일은 어떠냐?"고 물었다.

"월요일에 할 일을 준비해 놓기 위해 일요일에 나갈 때도 있습니다."

얼마 동안을 그런 식으로 살아왔느냐고 묻자 그는 "거의 27년간"이라고 대답했다. 27년이라니! 그 동안 그는 매주, 아니면 어쩌면 매일 자신에게 같은 소리를 해왔을 것이다.

"지금은 바쁜 기간이라 그럴 뿐이야 — 이제 곧 좀 조용히 살 수 있게 되겠지."

하지만 그의 건강은 나빠졌고, 아이들은 다 자랐으며 그는 뭔지

모르지만 속았다는 기분을 느끼고 있다.

또 한 번은 다섯 명의 사업 파트너들에 대한 자문 일을 할 때였는데 그들은 모두 30대 초였다. 나는 그들에게도 자신들의 생활 스타일에 대해 이야기해 달라는 같은 요청을 했다.

"우리는 아침 7시에 일을 시작해 저녁 9시에 끝내고 일 주일에 6일 그렇게 일합니다." 그 중 한 사람이 설명했다.

내가 물었다. "그럼 제가 뭘 도와드리면 될까요?"

그녀는 재빨리 대꾸했다. "우리는 사업을 확장하고 싶습니다."

"아, 그래요. 그건 쉬운 일이네요. 아침 6시에 시작해 밤 10시까지 일하고 일 주일에 7일 일하면 됩니다."

그러자 그 중 한 사람이 비난하는 얼굴로 나를 바라보며 말했다. "우리를 비웃고 계시는군요."

"죄송합니다." 나는 그러면서 그들에게 이야기해줬다. "하지만 여러분 모두에 대해 내가 가장 걱정되는 것은 여러분들이 40세가 되면 지금보다 더 부자가 되겠지만 그러면서도 가난뱅이처럼 살게 될 것이라는 점입니다."

정유회사 간부, 민간경제 전문가, 런던 경영대학원 교수 등을 역임한 찰스 핸디는 이렇게 말했다.

"우리는 우리 자신에게 도대체 무슨 짓을 하고 있는 것인가? 우리 중 가장 똑똑하고 우수한 사람들도 자신과 자기의 일 이외에 일체 다른 일이나 다른 사람을 위해 무엇인가 할 시간이 없고, 성공의 대가라는 것이 일에 완전히 파묻히는 것이라면… 결국 우리 조직과 우리의 고객이 다 타격을 입게 될 것이다. 그런 사람이 있으면 주위 사람들도 자기 상사들의 근무 시간과 태도를 따라 하기 시작하고… 그러면 우리는 모두 완전히 일에 중독되고 만다."

핸디는 수년 전 자신도 주당 80시간씩 일할 당시 부인이 어떤 기분이었는지를 회고했다. 부인은 그에게 이렇게 말했다고 한다.

"당신 일이 그렇게 잘 되니 당신한테 좋은 일이고 그 점에 대해서는 나도 기뻐요. 하지만 내가 아는 사람 중에서 당신이 가장 재미 없는 사람이 됐다는 사실만은 알았으면 해요."

일을 시작한 초기에는 장시간 근무가 필요할 수도 있다. 일 추진력도 얻고, 남들에게도 좀 깊은 인상을 주고 눈에 띄기 위해 노력해야 하기 때문이다. 그러나 오래 일하는 것이 평생 습관이 되지 않도록 주의해야 한다. 나는 이 문제에 대해 이제 획기적인 변화가 일어나고 있다고 믿고 있다. 특히 젊은 사람들은 자기들은

"영혼까지 팔라"는 철학을 가진 고용주는 원치 않는다는 점을 공표하고 있다.

일부 회사들은 사람이 귀한 인력 시장에서 좀더 매력적인 회사가 되기 위해 약간 다른 시각을 갖기 시작했다. 그들은 장시간 근무 문화에서 벗어나는 것이 직원을 구하는 데 이점이 된다는 사실을 깨닫고 구인 광고에서 합리적인 근무 시간을 약속하고 있다. 한 법률회사는 구인 광고에 수습 사원의 말을 인용해 놓고 있다.

"내가 우리 회사를 좋아하는 이유 중 하나는 일에 대한 접근 방식이 합리적이라는 것입니다. 고객들을 위해 할 수 있는 한 최선을 다하면서도 일이 좀 덜 바쁠 때에는 아무도 열심히 일하는 인상을 주기 위해 사무실에 늦게까지 앉아 있을 필요가 없습니다."

경영학 권위자인 탐 피터스(Tom Peters) 같은 사람은 연간 비행 거리가 백만 마일에 이른다고 주장한다. 그러다 보니 일과 인생의 균형에 대해 자주 질문을 받게 된다. 〈리얼 비즈니스〉라는 잡지와의 인터뷰에서 그는 "일을 하지 않는 것은 범죄 행위이다"라고 말하기도 했다. 그러면서도 그는 장시간 근무 문화에 대해서는 좀 회의적이라고 고백한다. "아이들의 학교 행사에 거의 참석하지 못한다면 그리 좋은 것만은 아니지요." 그러나 그는 자신 있

게 이렇게 말한다. "윈스턴 처칠이 2차 세계대전 중에 자녀들의 학교 행사에 참석 못한 것이 우리에게는 다행일까요? 그렇습니다. 나는 처칠경이 전쟁 중에 하루 26시간 일한 것을 기쁘게 생각하고 있습니다."

나도 그에 대해서는 기쁘게 생각한다. 그러나 사태가 급박하게 돌아가던 그 어려운 시기에도 이 위대한 인물은 오늘날 대부분의 기업체 지도자들에게 결여돼 있는 것으로 보이는 자질을 갖고 있었다. 그는 최소한 전쟁이 끝났을 때는 그 사실을 알아챘던 것이다.

자기 엄마한테 "우리 아빠는 왜 다른 아이들 아빠보다 집에 늦게 와?"라고 묻는 어린 소년을 보고 나는 동정심을 느꼈다.

그 아이 엄마는 이렇게 대답했다. "글쎄, 아마 제 시간에 일을 다 끝낼 수 없어서 그러시겠지."

그러자 그 아이는 잠시 생각하더니 말했다. "그럼 왜 아빠를 열등반에 넣지 않는 거야?"

머레이 교수의 강의 노트 1

직장에서의 위험 징후

◆아직도 지난번 프로젝트에 파묻혀 허우적대고 있다. 그걸 할 수 있는 사람은 나 이외에 아무도 없는 것만 같다.

◆누구보다도 오래 일한다.

◆직장과 개인 생활에서 균형을 이루고 있는 동료를 보면 화가 난다.

◆매일 밤, 또 주말에도 일거리를 집에 가지고 간다.

◆빡빡한 스케줄 때문에 창조적이거나 전략적인 사고를 할 수가 없다.

◆스트레스를 받게 되면 동료와 가족들에 대해 참을성이 없어지고 짜증을 부리게 된다.

◆남에게 일을 맡기기가 힘들다.

◆부드럽고 건설적인 비판조차도 받아들이지 못한다.

◆위기에 대해 감정적으로 과잉 반응한다.

신체의 위험 징후

◆두통이 점점 더 심해진다.

◆피부가 가렵다.

◆지쳐있는 기간이 길어진다.

◆위장에 문제가 있다.

◆휴일에 자주 아프다.

◆짜증이 점점 는다.

◆정신집중이 어렵다.

◆극히 사소한 일에도 짜증을 낸다. 예를 들자면, 주유소 주유 펌프가 빨리 말을 듣지 않는다거나 하는 것까지도.

가정에서의 위험 징후

◆아이들이 이제 더 이상 자기들 문제나 잘한 일에 대해 말을 걸어오지 않는다.

◆배우자가 소외감을 느낀다. 싸움을 걸거나 하는 것이 아니라 그냥 더 이상 이야기를 않는 것으로, 어떤 남편은 이를 '점진적 별거 과정' 이라고 불렀다.

◆중요한 가족 행사에 늦는 일이 잦아진다.

◆경제 사정이 통제 불능 상태가 된다.

◆지금은 이렇게 바쁘게 살지만 언젠가부터는 시간이 많아질 것
이며 그때는 가족들과 행복한 시간을 보낼 것이라 생각한다.

친구 관계에서의 위험 징후

◆외식할 때도 대개의 경우 회사 갈 때 입는 옷을 입고 간다.

◆시사 문제, 스포츠, 예술, 영화 등 바깥 세상 일과 담을 쌓게 된
다.

◆일반적인 이야기를 할 때는 눈에 생기가 없다가 일에 대해 이
야기할 때만 눈이 반짝인다.

◆친구들이 더 이상 전화를 하지 않는다.

◆간단히 말해, 따분한 사람이 되었다.

정상 회복 방법

◆ 생활 수준의 상승에 정비례하여 삶의 질이 악화한 것이 아닌지 곰곰히 따져보자. 대부분의 사람들이 자기들의 시간을 돈과 바꾸고 있다. 그러나 그게 너무 지나쳐 시간적으로 좀 더 여유 있는 생활을 하기 위해서는 씀씀이를 대폭 줄여야 하는 것은 아닌가? 씀씀이를 줄이는 것이 싫어 오히려 시간을 희생하고 있는 것은 아닌가? 하던 활동을 완전히 중단하지는 말고 비용이 덜 드는 것을 하는 등 방식을 좀 바꾸도록 하라. 다시 말해, 너무 많이 팔아버린 자신의 시간을 어느 정도 다시 사들여야 하는 것이다. 집 규모, 자동차 종류, 휴가 가는 기간 등 중요한 결정을 해야 할 수도 있다. 사람들이 "저 집은 해마다 차를 바꾸더니!" 하는 식으로 여러분의 형편이 어려워졌다고 여기면 어떡하나 라는 생각은 아예 접어두길 바란다.

◆ 여러분이 장시간 근무하는 이유가 정말 일 자체보다는 "열심히 일한다"고 인정 받기 위해서가 아닌지 생각해 보라. 열심이라는 것을 증명하기 위해 늦게까지 사무실에 남아 있고 싶은 유혹을 떨쳐 버려라. 가장 자유로운 사람들은 뭘 증명해 보일 필요가 없는 사람들이다. 한 현명한 CEO는 신입 사원들에게 이렇게 말하고는 했다. "우리 회사에서 중요하게 여기는 것은

여러분이 얼마나 많은 시간을 일하느냐가 아니라 그 시간에 뭘 하느냐 하는 것입니다."

◆ 거울 앞에서 "아니오"라고 말하는 법을 연습하라. 한 기업체 간부는 이렇게 말했다. "그냥 시간을 잊은 채 사무실 창 밖을 내다보고 서 있는 겁니다. 이제 무슨 일을 해야 하는지도 모르는 채로요."

◆ 오래 일하는 것보다는 성취도를 존중하는 직장문화를 창출하기 위해 노력하라.

◆ 여러분의 영혼까지 요구하고 돈과 권력으로 여러분의 시간을 사려고 하는 회사에서는 오래 머물지 말라.

◆ 여러분이 존경하고 조언과 지도를 받을 수 있는 세 사람을 구해 자신의 '구원부대'로 삼으라.

10월 16일 화요일, 밤 10시 10분

"자네, 제 시간에 오도록 노력하게. 지금은 내가 잠자리에 들 시간이라구."

사과의 말을 중얼대며 푹 꺼진 낡은 가죽 의자에 앉던 잭은 노교수의 눈이 장난기로 반짝이는 것을 보았다.

"장난일세, 잭. 나이가 들면서 얻는 드문 이점 중 하나는 잠을 덜자도 되는 것이라네. 몸은 비록 밤새 춤을 출 처지가 못 되지만 계속 맑은 정신으로 깨어있을 수는 있으니 다행이지."

머레이 교수는 방을 건너질러 가서 벽난로 근처에 걸려 있는 오래된 사진을 가리키며 물었다. "이게 뭔지 아나?"

제자는 금방 대답했다. "네, 성 바오로 성당입니다."

"잭, 성당을 지을 당시, 하루는 건축가인 크리스토퍼 렌 경(卿)이 현장을 둘러보며 다니다가 벽돌 담은 통을 나르고 있는 한 견습공 젊은이와 마주치게 됐네. 렌 경(卿)은 그에게 무슨 일을 하고 있느냐고 물었지. '저요, 그냥 벽돌 나르고 있는데요.' 견습공이 그렇게 대꾸하자 렌 경이 그의 말을 고쳐줬네. '아닐세, 자네는 지금 성당을 짓고 있는 거야.' 위대한 건축가인 렌 경은 우리가 오늘 밤 배울 법칙을 이해하고 있었던 걸세…"

두 번째 법칙

자신이 하는 일이
중요하다고 믿으라

자신이 하는 일이 중요하다고 믿으라

나의 아버지는 우체부였다. 아버지는 14살 때 전신주 꼭대기에 있는 전선 수리공으로 우체국 일을 시작했고 그 이후로는 평생 우편물 배달하는 일을 했다. 아버지는 아주 총명했다. 그래서 2차대전이 끝나고 아버지가 직장에 복귀했을 때 우체국에서는 아버지에게 간부 연수를 받으라고 했다. 그러나 전쟁 중, 아버지에게 무슨 일이 있었던 것 같다. 우리로서는 그게 뭔지 전혀 알 길이 없었다. 아버지는 그에 대해 이야기하려 하지 않았다. 아버지가 돌아가신 후에 아버지 서류를 정리하다가 보게 된 군제대 관련 문서가 내가 얻은 유일한 단서였다. 그것은 가장 어려운 상황 속에서 탁월한 군복무를 한 것에 대해 군 사령관이 내린 표창장이었다. 아버지는 영국군 통신대 소속이었고 적진 뒤로 침투하여 무선 통신사 일을 한 것에 대해 보상금을 받을 수도 있었다. 그러나 무슨 일이었는지는 모르지만 1945년 집으로 돌아온 후 아버지는 수선을 떨고 싶어 하지 않았다. 그는 영광을 얻으려 하지 않았고 단지 최선을 다해 가족을 부양하고자 했고 편지 배달 일을 하기를 원했다.

아버지는 어떤 때는 우편물을 분류하는 야간 근무를 하시기도

했다. 나는 아직도 내가 잠자리에 들려고 할 때 아버지가 출근 준비를 하던 모습을 기억하고 있다. 당시 우리 집에는 욕실이 없었다. 그릇이건, 빨래건, 몸이건, 아무튼 씻는 일은 다 부엌에 있는 큰 석제 싱크대에서 했기 때문에 아버지를 지켜볼 수 있었다. 아버지는 우선 유니폼을 꺼내 놓고, 면도를 하고, 씻고, 그리고 마지막으로 구두를 닦았다.

아버지의 구두는 항상 반짝였다. 내가 여덟인가 아홉 살쯤 됐을 무렵, 하루는 구두 밑창까지 닦는 것을 보고는 말했다.

"아빠, 그거 하지 마세요, 시간 낭비잖아요. 거긴 더러워도 아무도 모를 텐데요."

아버지는 고개를 들어 나를 보면서 대답했다.

"나는 알 것 아니냐."

세월이 흘러 나는 동네 친구들과 모두 함께 다니던 작은 중학교를 떠나 공립 중학교로 옮겨가게 됐다. 내게 이것은 완전히 딴 세계였다. 한번은 선생님이 우리들에게 아버지 직업을 큰 소리로 말하라고 했던 것이 기억난다. 내 바로 옆에 앉은 아이가 "회사 중역이요" 하고 외쳤다. 나는 최대한 기어들어가는 목소리로 거의 속

삭이다시피 "우체부"라고 말했다.

하루는 아버지가 출근 준비를 하고 있는데 내가 말을 걸었다.

"남의 집 문으로 편지 밀어넣는 일만 하는 게 지겹지도 않으세요?"

이 말에 기분이 상했는지 모르지만 아버지는 내색하지 않고 말했다.

"얘야, 이 아버지는 왕실 우편물을 배달하고 있어."

마치 여왕이 몸소 아버지에게 그것을 부탁하기라도 했다는 투였다.

"사람들은 나한테 의지하고 있단다. 회사, 군, 경찰, 해외에 사는 친구, 친척들의 편지를 내가 다 배달하고 있어. 언제 한 번 나랑 같이 가서 내가 편지를 갖고 오나 보느라고 문에서 기다리고 있는 사람들을 네가 봤으면 좋겠구나. 기다리고 있던 취직 소식일 수도 있고, 아니면 오랫동안 소식을 못 들은 딸한테서 온 것일 수도 있고, 아니면 그냥 생일 카드일 수도 있지. 아니다, 얘야, 나는 절대 지겹지 않아."

아버지는 자신이 하는 일의 가치를 믿었던 것이다.

　최근 생명보험협회의 연례 총회에 기조 연설자로 초청돼 간 적이 있다. 사람들은 의기소침한 모습으로 회의장에 왔다. 그 전 해에 보험업계는 부당판매 행위에 대해 언론의 맹공격(어떤 경우에는 그럴 만했다)을 받았던 것이다. 아주 흥미로운 행사였다. 그 해 회장인 스티븐 호스웰이 여러 연사들을 초빙했는데 그 중 판매를 마무리 짓는 요령에 대해 설명하는 사람은 단 한 사람도 없었다. 고객이 "조언해줘서 고맙습니다. 생각해 보겠습니다"라고 말할 때 어떻게 계약으로 이끌 것인지에 대한 세미나도 없었다. 〈전화 판매 권유 — 10가지 성공 요령〉 같은 제목의 워크샵도 없었다. 대신 회의 프로그램은 이들 보험 종사자들이 다시 자신감을 갖고, 업계가 변화할 필요가 있다는 점은 인정하면서도 자신들이 하고 있는 일의 본질적 가치에 대해 다시 믿음을 갖고, 자긍심을 재발견하도록 짜여져 있었다.

　나는 청중들에게 걸프전에서 군인 12명이 헬리콥터 사고로 목숨을 잃었던 사건을 상기시켰다. 보험회사는 보험 계약서는커녕 생명보험 신청서도 미처 접수되지 않은 상황이었지만 이들 모두에게 보험금을 지급했다. 나는 거기 모인 사람들 모두가 이를 자랑스럽게 생각해야 한다고 말했다.

　많은 기업들은 자사에서 하는 일에 대한 자긍심을 되찾아야 한다. 멸균팩을 고안해 낸 스웨덴의 억만장자 한스 라운싱(Hans Raunsing)이 늘 말하는 것은 포장에 대한 것이 아니라 전세계 어린이들에게 깨끗하고 오염되지 않은 비타민을 제공하는 일이다.

　직원 개발과 종업원들에 대한 동기 부여 및 애사심 고취를 위해 컨설턴트를 고용한 큰 제약회사가 생각난다. 이 회사의 전무는 봉급, 휴가제도 개선, 자동차와 그밖의 여러 가지 복리후생안에 대해 사측은 얼마든지 논의할 준비가 돼 있다며 모든 것을 컨설턴트에게 백지 위임하겠다고 했다. 그런데 이 컨설턴트는 그냥 보통 컨설턴트가 아니었다. 그녀는 복리후생제도를 검토하는 것으로 일을 시작하는 대신 사람들과 이야기부터 나누기 시작했다. 그녀는 사무실 입구, 정문, 복도, 직원 식당, 사무실 여기저기에 회사가 생산한 약 덕분에 생명을 구하게 된 실제 인물들의 모습을 담은 커다란 포스터를 걸게 했다. 그들이 과학자이건, 타이피스트건, 아니면 사무실 청소부건 간에 이들에게 봉급, 휴가, 회사 차보다 더 필요한 것은 자기들이 하는 일의 가치를 다시 믿도록 하는 것이었다.

　내 아버지라면 이에 찬성했을 것이다. 그는 모든 직업은 가치가 있는 것이므로 따라서 최선을 다해 일해야 한다고 믿는 분이었다. 나는 아버지가 비가 억수같이 쏟아지는 속에서도 편지가 젖지 않게 하려고 애쓰는 모습을 보았다. 아버지는 자신의 일을 잘 하는 데서 만족감을 느꼈던 것이다.

　한 주요 항공사 간부는 이렇게 말했다.
　"트레이(비행기 좌석에 달려 있는 접이식 식탁)에 남아 있는 커피 자국은 승객들에게 우리가 비행기 엔진 정비를 제대로 하고 있지 않다는 증거로 보입니다."
　이는 전혀 비논리적인 것 같지만 정말 사실이다. 나는 비행기 여행을 많이 하기 때문에 안다. 보잉747기의 화장실에서 물 내려가는 장치가 고장이면 나는 당장 항공기의 다른 부분들은 어떨까 생각하게 된다. "머리 위의 산소 마스크는 정말 준비돼 있는 건가? 아직 한 번도 그것들을 본 적이 없는데." 나는 역추진 엔진이나 복잡한 브레이크 시스템 같은 것은 이해하지도 못하고, 착륙장치에 대해서도 그 삐걱대는 소리에 따라 겨우 올리고 내리는 것을 아는 정도이다. 그러나 변기 물내리는 장치는 내가 사용하고, 고치기도 하

고, 집에 몇 개 갖고 있기 때문에 나도 안다.

　내 아버지와 그 항공사 간부는 아마 마음이 잘 맞았을 것이다. 그들은 둘 다 사업의 기본원칙을 이해하고 있었다. 전화 응답을 안 해준다거나, 배달이 지연된다거나, 고객을 대기실에서 한 시간 동안 기다리게 한다거나 하는 식으로 아무튼 회사가 신경을 안 쓴다는 인상을 고객이 일단 받게 되면 그는 곧 그 회사의 주요 업무에 대해서도 의심하기 시작할 것이다. 당신이 세계 최고의 회계사라 할지라도 고객이 그 사실을 믿지 않는다면 당신이 최고라는 사실은 일기장의 비밀로만 머물러 있을 것이다.

　아버지가 돌아가시려 한다는 소식을 들었을 때 나는 모스크바에서 강연을 하고 있었다. 러시아 당국은 나를 황급히 모스크바 공항까지 데려다 줬고, 런던행 브리티시 항공기가 약간 지연되는 바람에 나는 겨우 탈 수 있었다. 비행기가 유럽의 밤 하늘을 날아가는 동안 아버지에 대한 온갖 기억들이 떠올랐다. 아버지에게 했었어야 할 말들, 차라리 하지 않았으면 나았을 말들. 그러나 무엇보다도 나는 다시 한 번 아버지를 이해하려고 애쓰고 있었다.

　비행기가 착륙한 것은 새벽이었고 나는 이민국과 세관을 서둘

러 통과했다. 밖에서는 나를 아버지에게 데려갈 차가 기다리고 있었다. 나는 차에 타자마자 기사에게 물었다.

"아버지는 어떠십니까?"
"죄송합니다." 그가 말했다. "선생님 아버지는 몇 시간 전에 돌아가셨습니다."

아버지 방으로 들어가 마지막 모습을 본 것이 기억난다. 아버지가 늘 하던 이야기를 할 것만 같았다. 그러나 내가 바라본 아버지는 아직도 많은 면에서 내게 수수께끼 같은 존재였다. 아버지는 가난했지만 빚을 진 적은 없었다. 또 가진 것이 얼마 없었지만 내가 본 중 가장 만족한 삶을 산 분이었다. 또 평생 하루도 빠짐 없이 아버지는 당신 구두를 닦았다.

내 아버지는 편지 배달을 했다. 46년 동안을. 그 전체 기간 중 그가 아파서 결근한 날은 단 11일이었다. 아버지는 정년퇴직힐 때 왕실 우편물을 배달한 공로로 여왕으로부터 훈장을 받았다.
내 아버지는 자신의 일에 긍지를 갖고 있었다고 말하는 것이 아

버지를 가장 잘 설명하는 방법일 것이다. 그것은 돈 주고 살 수가 없는 것이다. 그것은 교육이나 사회적 지위로 보장 받을 수 있는 것이 아니다. 내 아버지는 우체부인 것을 자랑스러워 했다. 자신이 하는 일이 남들의 삶에 중요하다는 점을 믿었다. 또 스스로 긍지를 갖고 있었기 때문에 자신이 하는 일은 무엇이든 성심껏, 최선을 다할 의무를 스스로 지웠던 것이다. 그 때문에 아버지는 늘 구두를 윤이 나게 닦았던 것이다.

신뢰의 힘

아버지는 또 정직성을 믿었다. 물론 아버지가 하는 일이 매일 윤리적 갈등을 느끼거나 힘겨운 협상을 해야 하는 일이 아니라는 사실은 나도 잘 알고 있다. 그러나 그런 일이 필요한 직업을 가졌더라도 아버지는 똑같이 행동했을 것이고 그 때문에 손해를 보기도 했을 것이라고 나는 믿는다. 아버지는 정직성을 잃으면 자신의 가장 큰 자산인 인격을 잃는 거라고 믿었다. 테레사 수녀는 이렇게 말했다. "작은 일들은 실제로 사소한 것이지만 작은 일들에 대한 성실함은 위대한 것이다."

얼마 전 뉴욕의 유수한 헤드헌터 회사가 뉴욕 지역 내에 있는 100대 기업의 CEO들을 상대로 설문조사를 실시했다. 그런데 그 조사 목적이 아주 흥미로웠다. CEO들의 사업 수완이나 고객과 직원을 다루는 능력이 아니라 그들의 인격을 측정하는 것이 목적이었던 것이다. 설문은 이들 기업체 리더들에게 그들이 가장 귀중하게 여기는 특성이 어떤 것이며, 차세대 미국 리더들이 길러야 할 덕목이 무엇인지를 물었다.

다음은 이들 CEO들이 꼽은 덕목들이다.

1. 원칙과 높은 가치기준에 대해서는 절대로 타협하지 말라. 이는 사소한 문제에 있어서도 마찬가지이다.
2. 끈기를 갖고, 결코 포기하지 말라.
3. 자신의 방향에 대해 비전을 갖고 이에 대해 자주 이야기하라.
4. 자신이 추구하는 바를 찾고, 기준을 높게 잡고, 위험이 따르더라도 어려운 문제를 맡는 것을 두려워 말라.
5. 관리에 쓰는 시간을 줄이고 사람들을 리드하는 데 더 많은 시간을 써라. 모범을 보임으로써 사람들을 리드하라.

6. 다른 사람들의 가장 큰 장점을 이끌어내라. 찾을 수 있는 한 가
   장 좋은 인재들을 채용하고, 그 다음에는 권한과 책임을 부여
   하되 늘 접촉을 유지하라.
7. 자신과 주위 사람들에 대해 자신감을 갖고, 남들을 신뢰하라.
8. 실패에 대한 책임은 자신이 지고, 성공에 대한 공은 남들에게
   돌려라. 정직성과 용기를 가져라.

효율적인 관리자의 양성을 공언하는 세미나 자료, 책, 비디오
테이프들은 무수히 많다. 그것들은 동기 부여, 전략적 사고, 팀 구
축, 그리고 그 밖에도 여러 다른 '인기' 주제들을 다루고 있다. 그
러나 그런 것들이 정말 가장 중요한 요소들일까? 나는 만일 대서
양 건너에 있는 영국 기업체 리더들을 상대로 조사를 실시했더라
도 이와 비슷한 결과가 나왔을 거라고 본다. 사람들은 신뢰할 수
있는 리더를 원한다.

솔직히 말해 나는 정말 말을 신용할 수 있고 정직성을 갖춘 사
람들이 더 좋은 직장을 구하고, 더 판매를 잘하고, 더 높은 매출 성
과를 올리는지에 대해서는 별 확신이 없다. 오히려 이중성과 속임
수가 더 득을 보는 게 사실이다. 아니라면 그런 전략들이 그렇게

인기를 끌지도 않았을 것이다. 그러나 그런 식으로 사는 사람들은 언제 자기가 속게 될지, 자기들이 못되게 군 사람들이 언제 복수하러 나타날지, 자기들이 속여 손해를 끼친 사람들이 언제 '거물'이 돼 앙갚음을 하려 할지 평생 불안해 하며 살 거라고 믿는다.

나는 또 이런 '빈틈 없고', '무자비하고', '수단 방법을 안 가리는' 사람들이 얼마 동안은 찬탄의 대상이 될지 모르지만 일단 몰락하면 한 때 그들을 찬양하던 사람들은 온데간데 없이 사라질 거라고 확신한다. 정직한 사람들은 성공을 놓치더라도 자신들의 인격은 건재한 반면, 협잡꾼들은 내세울 것이 성공밖에 없으므로 이를 절대 놓쳐서는 안 되는 것이다.

프랭크 데이빗슨(Frank Davidson)은 유수한 건설회사의 가장 잘 나가는 도급계약 간부였다. 프랭크는 곧 적자가 될 프로젝트를 흑자로 돌리는 게 주특기로 그럴 필요가 있을 때마다 자주 초빙됐다. 어떤 건설회사가 오페라 극장을 짓는 계약을 따냈다고 하자. 이는 설계와 공사 모두를 포함하는 계약으로 회사는 모든 책임을 다 지게 되며, 이에는 수주액에 맞춰 공사를 마무리하는 것까지 포함된다. 이는 힘겹게 따낸 프로젝트로 건설회사는 계약서에 사

인할 때쯤에 벌써 정말 잘 한 건지 의심이 들게 된다. 그러나 이미 홍보활동이 가동에 들어갔고 회사 수뇌부는 일을 그대로 진행하라고 요구한다.

일은 처음부터 꼬였다. 전에 받은 지질 보고서는 정확하지 못한 추측에 근거한 것으로 드러나고, 진흙으로 알고 견적을 냈던 공사 지역이 화강암으로 돼 있는 것으로 밝혀졌다. 기초 공사는 생각도 못한 채 발파 공사에만 10주를 보냈다. 설상가상이라는 말처럼 일은 점점 더 꼬였다. 소방 담당 관리의 말도 안 되는 요구에다, 지역 반대 단체들은 10일 동안 건축 장비에 올라가 점거 농성을 벌였고, 비는 또 한 달 내내 그치지 않고 내렸다. 계약 기한을 3개월 남긴 상태에서 이 회사는 손해와 망신을 목전에 두고 있었다. 이때 프랭크가 절대 실패할 수 없는 기사회생 프로그램을 갖고 등장하는 것이다.

프랭크는 전기, 토목, 방화장치, 심지어 커튼에 이르기까지 모든 하도급 업체들과 맺은 계약서들을 재검토할 것을 요구한다. 그들이 한 공사에 별 하자가 없을 경우에도 꼭 하자를 찾아내야 한다. 프랭크가 거느린 직원들은 그야말로 전문가들로, 미켈란젤로가 맡은 시스틴 성당 천정 공사라도 끝없는 하자 리스트를 만들어

낼 수 있는 사람들이다. 다음 조처는 하도급 업체들에 대한 지불을 일체 중단하는 것이다. '하도급 업체'들이 보낸 청구서 금액 중 상당액이 이미 깎인 상태라 이들 '약자'들은 진퇴양난의 고민에 빠진다. 공사 현장에서 철수하고 소송을 할 것인가 아니면 공사가 완료되면 돈을 받을 거라는 희망을 갖고 끝까지 일을 할 것인가? 그 중 많은 업자들은 이윤을 얼마 남기지 않고 운영하는 사람들로, 은행 부채, 먹여 살려야 하는 세 아이, 갚아야 하는 주택할부금 등에 짓눌려 사는 사람들이다. 그런 사람들은 다른 선택의 여지가 없다. 거의 모든 경우에 그들은 일을 계속한다.

공사가 끝나면 프랭크는 부하 직원들에게 하도급 업체의 공사에서 하자를 더 찾아내어 원래 계약액보다 훨씬 적은 금액만 지급하라고 지시한다. 소규모 업주들은 제정신이 아닐 정도로 흥분한다. 일부는 하루 일을 쉬고 변호사를 찾아간다. 그러나 변호사는 프랭크가 작성한 공사의 하자 리스트를 보고, 또 자신들이 상대해야 할 회사의 규모에 대해 알고 나면 소송은 아예 생각도 말라고 역설한다. 그 지역 여러 가성에서 가장들은 부인들에게 그 달에 주택 할부금을 낼 수 없다며 그 이유를 설명한다. 6주 후, 이 영세한 회사는 자발적 청산에 들어간다. 대형 건축회사는 청산 담당자

를 통해 원래 공사 비용의 몇 분의 일만 지급하고 일을 해결한다.

이 시나리오에서 슬픈 것은 어떤 방식이든 이런 일이 매일 벌어지고 있으며 정말 슬픈 것은 일부 회사에서는 이것이 체질화되어 있다는 점이다. 그러나 이야기는 묘하게 전개된다. 프랭크가 해고됐다는 소문이 나도는 것이다. 회사에 일부 허위 청구서들이 오고 프랭크는 몇몇 도급업체들로부터 뇌물을 받았다는 비난을 받게 된다. 그는 결백을 주장한다. 또 실제로 그가 결백할 수도 있지만 프랭크는 평생 잔꾀로 남들에게 손해를 끼쳐온 사람이다. 아주 대단한 계약 책임자였던 것은 틀림 없지만 전혀 믿을 만한 위인이 못됐다. 실업 수당을 받기 위해 사회복지국 사무실에 간 첫날, 프랭크는 거기서 3년 전 자기 때문에 망하게 된 전기업자 클라이브를 만난다. 요즈음 프랭크는 별로 밖에 나가는 일이 없어졌다.

나는 미국 CEO들이 최고로 꼽는 덕목 리스트에서 '정직성'과 '용기'가 서로 연관돼 있는 것이 반갑다. 우리 모두는 자기 잘못은 가리고 남에게 책임을 미뤄 '1등이 되려고 하는' 본성이 있다. 그래서 곧은 인격 때문에 손해를 봐야 되는 경우도 흔하다. 자기가 잘못을 하면 책임을 동료에게 떠넘기는 대신 자기 탓이라고 인

정해야 하기 때문이다. 또 고객들에게 아직 준비도 안된 계약서를 우편으로 발송했다고 말할 수도 없고, 현금 흐름이 나아지기를 기다리고 있으면서 채권자에게 이미 수표를 보냈다는 거짓말을 할 수도 없다. 간단히 말해 늘 사실대로 말해야 하는 것이다. 그로 인해 손해를 보고, 또 '악의 없는 거짓말' 때문에 피해볼 사람이 없는 경우에도 그래야 한다.

바디 샵(Body Shop) 창업자인 아니타 로딕(Anita Roddick)은 그것을 이렇게 표현했다.

"나는 아직도 옛날 퀘이커 교도 같은 사람들을 찾고 있습니다. 그 사람들은 좋은 제품을 팔고, 자기 직원들을 잘 대접하고, 스스로 열심히 일하고, 정직하게 소비하고, 정직하게 절약하고, 자신들이 받는 돈에 대해 정당한 대가를 지급하고, 자기들이 가져가는 것보다 더 많이 내놓고, 거짓말을 안 하는 것으로 성공적인 사업을 이끌었습니다."

퀘이커 교도들은 자신의 인격을 성공보다 더 중요시하는 생활

을 할 때 남들의 신뢰를 받게 된다고 믿었다. 그렇게 할 때 상사뿐 아니라 부하 직원들도 우리를 신뢰한다는 것이었다. 또 고객들까지도 우리를 신뢰하게 될 것이다. 장기적으로 신뢰에는 또 상금도 따른다. 물론 꾀를 부리고, 거짓말하고, 남들을 속였을 때 만큼 그 금액이 크지 않을 수는 있지만 훨씬 더 달콤하기는 할 것이다.

또 프랭크와 달리 여전히 얼굴을 내놓고 다닐 수 있을 것이다.

자신이 하는 일이 중요하다고 믿으라

◆ 여러분 회사는 회사가 하는 일에 대해 자긍심을 되찾을 필요가 있다.

◆ 최하위 직원까지도 회사가 어떤 일을, 어떻게, 무엇 때문에 하는지 이해하게 하라.

◆ 회사가 하는 일의 가치를 전직원에게 전달하라.

"좌석 트레이에 남아 있는 커피 자국은 승객들에게 우리가 비행기의 엔진 정비를 제대로 하고 있지 않다는 증거로 보입니다."

◆ 여러분 회사에서 이 '커피 자국' 에 해당하는 것이 무엇인가?

◆다음과 같은 내용의 기업헌장의 채택을 고려하라.

기 업 헌 장

1. 우리는 매년 우리가 가진 기술, 자원, 비전을 지역사회에 재투자한다.
2. 우리는 직원들에게 자신들이 하는 일의 본질적 가치를 고취하기 위해 노력한다.
3. 우리는 직원들을 온전한 인격체로 인정한다. 능력이 닿는 한 우리는 직원들의 회사 밖 생활도 지원할 것이다. 우리는 직원들에게 "각자 집안 문제는 사무실 밖에 두고 오라"고 말하는 것은 어리석다도 본다.
4. 우리는 직원들이 자신들의 강점을 발견하고 발휘하도록 도울 것이다. 우리는 간부들에게 뜻밖의 장소에서 직원들의 특별한 재능이 발견될 수도 있다는 점을 상기시킬 것이다.
5. 우리는 고객, 직원, 동료들에게 정직하게 회사를 운영한다.
6. 우리는 목적 없는 장시간 근무 문화를 용납하지 않을 것이다. 더 열심히, 더 오래, 더 강도 높게 일해야 하는 시기도 있을 것이다. 그럴 때는 우리 모두가 잠시 개인 및 가정 생활을 희생할 것을 예상하겠지만, 그것이 평상시에도 생활방식이 되는 것은 용납하지 않는다.
7. 우리는 일반적으로 사람들이 회사를 그만두는 것은 일 때문이 아니라 상사 때문이라는 점을 기억하도록 노력할 것이다. 우리는 존경심과 애사심을 불어넣을 간부를 물색하고 훈련시킬 것이다.

한 마디로 우리는 아침에 잠자리에서 즐거운 마음으로 일어날 가치가 있는 회사가 될 것을 추구한다.

신뢰와 정식성

◆ 시간이 흐르며 여러분 회사가 회사와 직원들의 정직성을 훼손
하는 방식으로 운영됐을 가능성이 있는가?

만일 그렇다면, 종업원과 경영진, 회사와 고객, 회사와 공급업체
사이의 신뢰를 회복시킬 수 있는 조치들이 있을까?

◆ 성공적이고 장수하는 리더들은 그들의 인격과 능력에 대한 신
뢰를 기초로 인간관계를 구축한다.

스티븐 코비는 신뢰는 버는 것이라고 했다. 그는 우리 모두가 다
른 사람들과 '신뢰 계정'을 갖고 있는 것과 마찬가지라고 말했다.
우리는 말한 것을 실천함으로써 인격의 잔고를 쌓는다. 또 그 일을
잘 처리하면 능력 잔고를 쌓게 된다. 우리는 계정 잔고가 내려가게
할 수도 있으며 어떤 경우에는 잔고가 마이너스가 될 수도 있다. 다
른 사람들이 계정 자체를 폐쇄해 버리는 경우도 있는데, 이는 다시
말해 우리에 대한 모든 신뢰를 잃었다는 뜻이다.

10월 23일, 화요일, 밤 10시 5분

머레이 교수의 집으로 가는 언덕을 걸어 올라가며 잭은 머레이 교수가 자신이 여태까지 만난 사람들과 그토록 다른 게 정확히 무엇인지 곰곰 생각해본다. 그가 현명하다는 것도 사실이고 또 친절한 것도 확실하지만, 그것 외에도 뭔가 다른 것이 있었다. 머레이 교수가 문을 열고 그를 맞는 순간 잭은 깨달았다. 머레이 교수는 자기를 특별하게 느끼게 만들었던 것이다. 마치 잭을 위해서만은 얼마든지 시간을 내줄 수 있다는 식으로.

머레이 교수는 활짝 웃었다. "오늘은 커피 마시기 전에 먼저 한 가지 물어보겠네. 가장 빨리 성공할 수 있는 길이 무엇이겠나?"
잭이 얼굴을 찌푸렸다. 머리가 돌아가려면 카페인이 필요했다. "노력인가요?" 머레이 교수의 얼굴 표정으로 보아 틀린 답임을 알 수 있었다. "끈기는요?" 그것도 답이 아니었다.

"이 보게, 가장 빨리 성공하는 길은 자기가 잘 하는 것을 알아내 이를 발휘하게 해줄 사람들을 찾는 거라네. 우리가 배울 다음 법칙은…"

세 번째 법칙

자신의 강점을 발휘하라
─ 자신의 X인자를 찾으라

자신의 강점을 발휘하라—자신의 X인자를 찾으라

여러분 대부분은 조지 오웰의 『동물농장』을 읽었겠지만 너무 오래 전에 읽은 사람들을 위해 끝 부분에 대해 이야기하겠다. 간단히 말해, 돼지들이 농장을 차지한다. 인간들은 쫓겨나고, 이제 동물들 세상이 된다. 또 기억을 더듬어보면 아주 놀랍게도 돼지들이 두 발로 걷는 법을 배우고 이제 농가 안에서 산다는 게 생각날 것이다. 가장 가관인 것은 돼지들이 농장을 운영했던 농부들과 하나도 다를 것이 없이 억압적이고 착취적인 지배자가 됐다는 사실이다. 그러나 오웰이 해답을 주지 않은 큰 의문이 하나 있다. 우리들 중 아무도 돼지가 운영하는 농장이 성공했는지 아닌지 본 사람이 없다는 것을 전제로 생각해 보자. 그 후 어떻게 됐을까?

사실은 돼지들은 농장을 망하게 만들었다. 이들은 베이컨 굽는 시간보다 더 짧은 기간 내에 '타임' 지의 표지를 장식한 기업에서 청산 대상 기업으로 전락해버렸다. 최고 컨설턴트들을 고용하고, 최신 기술을 갖추고, 워런 버핏(저명한 미국의 투자가)도 군침을 삼킬만한 사업 계획까지 갖고 있었던 것이 사실인데 — 그런데도

농장은 망했다. 왜일까? 자 그 이유를 알아내기 위해 이사회에 들어가보자.

때는 1953년 6월 5일이었다. 회의실에는 돼지 열두 마리가 호두나무 테이블 위에 발을 올려놓고 앉아 하바나 시가를 피우며 심하게 기침들을 하고 있다. CEO인 프랭크 트로터가 입을 연다.

"자, 이제 안건 제6번, 광고 문제로 넘어갑시다. 농장 광고판을 키 큰 나무 꼭대기에 걸기로 했는데 1년이 다 지난 지금까지도 안 되고 있습니다. 그 이유가 뭔지 좀 말씀해주시겠습니까?"

마케팅 책임자인 크리스 베이컨이 불안한 모습으로 앉은 자세를 바꾸더니 입을 열었다.

"그 광고판은 이미 1년 전에 다 준비돼 있습니다. 내가 시설관리부에 그걸 나무에 걸어달라고 악도 쓰고, 위협하고, 애원도 해봤습니다만 계속 핑계만 대고 있습니다."

시설관리부 책임자인 칼 포커는 이미 대답을 준비해놓고 있다가 단호하게 자기 입장을 밝혔다.

"우리가 노력을 안 했던 것이 아닙니다. 그러나 칠면조에게 광고판을 고정시킬 줄을 갖고 나무를 기어오르게 할 때마다 계속 떨어지고 있습니다. 지난 주만 해도 중간 정도까지 올라갔는데 발톱

이 나무 껍질에 박히는 바람에 거의 목이 부러질 뻔했습니다. 일 년 내내 매일 올려보냈는데 조금 올라가다 말 뿐이었습니다."

이번에는 인사·연수부 책임자인 수잔 스나우터가 끼어 들었다.

"저는 그 칠면조에게 나무기어 오르기 연수와 세미나를 여러분이 진흙 목욕하는 것보다 더 많이 시켰습니다. 그런데 우리가 보기에 칠면조는 하고자 하는 동기가 부족한 것 같습니다. 동료 직원에게 이런 말 하고 싶지 않습니다만 전혀 의욕이 없어 보입니다."

돼지들은 돼지가 아닌 동물은 단 한 마리만 회의에 들어올 수 있도록 했고 비서인 올빼미를 참석 시키는 것은 단지 회의록 작성을 위해서였다. 전에 한 번도 발언할 용기를 내지 못했던 올빼미가 입을 열었다.

"사장님, 주제넘게 끼어들어 죄송합니다만 제가 이번만 말 좀 해도 되겠습니까?"

열두 쌍의 돼지 눈들이 일제히 그를 향했다.

"꼭 할 말이 있으면 해요." 사장이 말했다.

"사장님, 다람쥐가 줄을 갖고 올라가게 하면 어떻겠습니까? 칠면조가 그 일에 서툴다는 것은 누구나 다 알고 있는 사실입니다."

　CEO는 이에 대해 대답하지 않았다. 그냥 자리에서 일어나더니 올빼미를 향해 뒤뚱대며 걸어갔다. 두 발로 서려니 약간 자세가 불안하고 쓰러지지 않기 위해 한 두 번 테이블을 잡아야 하기는 했지만 마침내 비서가 있는 곳까지 걸어가 눈을 똑바로 바라봤다.

　"내가 방금 한 일이 뭔지 당신 아시오?" 그는 불쌍한 올빼미에게 소리를 질렀다.

　"네, 사장님, 걸으셨습니다. 똑바로 서서."

　"아닙니다. 올빼미 씨, 나는 그냥 서서 걸은 게 아니에요. 나는 뭔가 성취한 겁니다. 그리고 그게 바로 우리 이사회가 신봉하는 생각입니다. 우리는 못 할 게 없는 조직입니다, 올빼미 씨. 칠면조는 그 나무를 올라가고야 말 거라고요. 이제 나가시오!"

　올빼미는 고개를 푹 숙인 채 소리 없이 이사회 회의실에서 나와 조용히 문을 닫고는 농장을 향해 걸어갔다. 얼마 떨어진 곳에서 소들이 부화시키기 위해 품고 있는 달걀을 깨뜨릴까봐 불안해 하며 몸을 뒤척이는 것이 보였다. 닭들은 옥수수 창고를 지키고 있었고, 연못에서 수영 레슨을 받고 있던 올빼미와 가장 친한 친구 다람쥐는 세 번째 시도에서도 뜨지 못하고 물에 가라앉고 있었다. 우람한 떡갈나무 밑을 지나갈 때 칠면조가 그의 머리 위로 떨어졌다.

　개인이나 기업이나 모두 성공하는 데 가장 중요한 열쇠는 내가 X인자라고 부르는 것을 발견하여 이를 자유롭게 발휘하도록 하는 것이다. X인자는 사람들이 갖고 있는 타고난 강점으로, 남들과 확연히 구별되는 재능이다. 그런데 문제는 실제 생활에서 우리는 우리도 자기들과 똑같이 되기를 바라는 사람들, 또 회사 같으면 '이게 우리가 항상 일하는 방식' 이라고 말하는 책임자들에게 시달리고 있다는 점이다. 또 부모들은 자신들이 기회가 있었다면 하고 싶었던 일을 우리에게 하라고 강요할 수가 있다. 그런데 문제는 그건 자기들의 꿈이지 우리들의 꿈은 아니라는 사실이다. 나는 대부분의 사람들은 자신의 천성적인 강점을 발견하기는커녕 생각할 기회조차도 갖지 못했다고 굳게 믿고 있다.

　이는 쉬운 문제가 아니다. 우리 나라의 대다수 직장인들은 종업원 수 20명 미만의 소규모 회사에서 일하고 있다. 이런 회사에서 최소한 배가 가라앉지 않게 하기 위해 필요한 것은 흔히 모든 사람이 다 '달려들어' 일하는 것이다. 타이피스트면서 하루 종일 영업사원이 되는 꿈이나 꾸고 있는 직원이야말로 이런 회사에 전혀 필요 없는 존재인 것이다. 하지만 바로 그 때문에 직원들 중 미처 발견되지 않은 재주꾼들이 있는지 생각해 볼 필요가 있을 수도 있

다. 예를 들어, 경쟁사 영업 책임자를 만나러 갔다가 전에 우리 회사에서 비서로 문서 타이핑이나 하던 사람이 사실은 대단한 재주가 있어 3년째 계속 판매왕상을 타고 있다는 이야기를 듣는다고 하자. 정신이 번쩍 날 것이다.

너무나 많은 경우에 기업들은 직원 중에서 X인자의 기미를 발견하면 우선 누르려 하고, 그 다음에는 단속하려고 하고, 결국에 가서는 없애버리려 한다. 그런 회사에서는 "그 여자는 반항아다", "그런 식으로 하는 것은 회사 정책이 아니다", "그건 그 여자 일이 아니다"라는 식으로 이야기한다. 그러나 여러분 회사에 다행히 X인자를 가진 사람이 있다면 그들에게 적합한 일로 바꿔주도록 하라.

나는 이 X인자를 활짝 꽃피도록 허용하지 않다가 망한 회사들을 보았다. 나는 전문직종 회사들로부터 신규 사업 개발을 도와달라는 요청을 자주 받고는 한다. 한번은 회사에 갔더니 회의실에 15명의 파트너들이 모두 앉아 있었다. 그 회사는 망해가고 있어 신규 시장 개척이 절실한 상황이었다. 나는 이렇게 말을 시작했다.

"여러분을 제가 직접 알지는 못합니다만, 이 테이블에 앉아 계신 분들 중 신규사업 개발에 탁월한 능력을 가진 분이 분명히 계실 거라고 믿습니다. 관계를 구축하고, 기회를 창출하고, 마케팅

을 꿈꾸며, 번화한 길거리에 한 번 나갔다 하면 일거리를 잔뜩 가져오는 그런 분 말입니다."

그러자 열네 사람이 모두 로라를 향해 고개를 돌렸고 그녀는 약간 얼굴을 붉혔다. 나는 각 부서의 서비스 수입 목표액을 훑어본 다음 물었다.

"그렇다면 왜 로라에게 15만 파운드의 감사료 수입 목표액을 정해주는 겁니까? 그냥 자유롭게 일하도록 해 주시지요."

당초 컨설턴트를 불러오는 것을 내키지 않아 했던 마틴이 기회가 왔다 싶어 나섰다.

"하지만 로라 일을 대신 맡아 할 사람이 아무도 없습니다. 그렇게 해줄 여유가 없다고요."

그러나 그 때쯤 되면 나는 더 이상 아무 말도 할 필요가 없어진다. 마틴이 그 말을 하는 순간 다른 파트너들은 문제의 해답을 볼 수 있게 된다. 그 사람들은 단지 그 답을 일깨워줄 사람이 필요했을 뿐이었다. 그래서 그들은 일제히 한 목소리로 말했다.

"마틴, 우리에게 여유가 없는 게 아니잖아요."

일부러 시간을 내어 우리가 지니고 있는 X인자를 발견하도록

도와줄 사람이 없다면 얼마나 비극적인 일인가. 또 우리가 다른 사람들이 우리에게 바라는 대로 살기 위해 애써야 한다면 얼마나 비참한 삶을 사는 것인가.

내 친구 중 하나는 사람들에게 자신의 강점을 발견하여 개발하도록 도와 주는 영국 회사의 중역이다. 그녀는 전세계를 돌며 많은 대기업들이 직원들의 선천적 재능을 개발할 수 있도록 도우는 일을 해왔는데 최근에 가장 힘든 일을 맡았다.

열다섯 살인 그녀의 딸 사라는 그날 학교 직업지도 선생님과 상담하고 집에 돌아와 있었다. 선생님은 사라에게 학교 졸업 후 무슨 일을 하고 싶으냐고 물었다. 사라는 즉각 "파는 일을 하고 싶다"고 대답했다. 그러자 선생님은 길거리에서 매춘을 한다고 말했더라도 그 정도는 아닐 정도로 못마땅한 표정을 지었다고 한다. 사라는 일을 수습해야 할 것 같아 재빨리 말을 이었다. "…아니면 연극이요. 연극 지도 교사가 되고 싶다는 생각을 가끔 합니다." 선생님은 이 답에는 훨씬 호의적인 반응을 보였고 그래서 이 가치 있는 목표에 이르기 위해 어떻게 해야 할 지를 가르쳐주는 안내 책자를 잔뜩 줘서 보냈다.

그날 내 친구는 학교에서 돌아온 딸의 얼굴에서 될 대로 되라는

식의 지친 표정을 보았고, 사라가 직업 선택에 대한 이야기를 하
는 동안 커피를 끓였다.

"사라, 너 연극 좋아하니?"

"엄마, 난 연극을 사랑해요."

"너, 아이들 좋아하니?"

"엄마, 아이들은 너무 싫어요."

바로 그 말을 듣는 순간, 내 친구는 자기 딸을 고객으로 삼게 됐
다. 그녀는 사라에게 재능 발견 프로그램을 사용했고 그 결과는 직
업지도 교사 외에는 모두 예상했던 바와 같았다. 사라는 판매 일이
적성에 딱 맞았다. 그 이야기를 하며 내 친구는 이렇게 말했다.

"그러니 수많은 아이들에게 시달릴 사라만 구한 것이 아니라,
그 애들도 사라에게서 구해준 셈이지요!"

웨인 그레츠키(Wayne Gretzky)는 아마 역사상 가장 훌륭한 아
이스 하키 선수일 것이다. 골, 어시스트, 득점 등에서 NHL(북미아
이스하키리그) 기록을 61개나 갖고 있으며 최우수 선수상을 9회
받은 것을 포함해 수많은 상을 받은 바 있다. 그레츠키의 기량이
한창 절정에 이르렀을 때 그는 세계 최우수 수비 선수들을 그날

처음 얼음판에 나온 사람들처럼 보이게 만들 수 있었다. 나는 스포츠 심리학자에게 그의 성공 요인이 무엇이라고 보는지 물었다. 그러자 그녀는 이렇게 말했다.

"그는 하키 링크를 위에서 볼 수 있어요."

나는 좀 자세히 설명해 달라고 했다.

"대부분의 아이스 하키 선수들은 주변시야가 20에서 25도 사이입니다. 그런데 그레츠키는 그게 40도예요. 경우에 따라 링크 위 허공에 떠서 경기장 전체를 읽을 수 있는 거지요. 그레츠키를 창조한 게 누구인지는 모르지만 그는 아이스 하키를 하도록 태어났어요."

그 말은 맞았다. 그레츠키에게 자신의 성공 비결이 뭐냐고 물었을 때 그는 간단히 대답했다.

"퍽이 갈 곳으로 달려가는 겁니다."

같은 스포츠 심리학자에게 그 정도의 직관력을 훈련시킬 수 있느냐고 묻자 그녀는 어림없다며 웃었다.

잠시 3살 된 그레츠키를 첫 아이스 하키 레슨에 데리고 가려고 나섰던 길에 그의 아버지가 갑자기 딴 생각을 하게 됐다고 상상해

보자.

"아이스 하키는 위험해서…" 그의 아버지는 이렇게 생각한다. "피아노를 먼저 시켜보자." 그는 아이스 링크장에서 차를 돌려 어린이 피아노 교실로 향한다. 그레츠키는 꼬박 일년간 지겨운 피아노 레슨을 견뎌낸다. 아마 피아노 역사상 최악의 학생이었을 것이다. 그는 아버지에게 그만두게 해 달라고 애원하지만 그의 아버지는 이렇게 말하며 거절한다.

"안 돼, 할아버지는 늘 내가 피아니스트가 되기를 원하셨단다."

그레츠키의 첫 발표회에서 그의 아버지는 아들의 연주 차례를 참을성 있게 기다린다. 마침내 웨인 그레츠키의 순서가 된다. 주변 시야 40도라는 은총을 받고 태어난 웨인 그레츠키, 40야드 떨어진 지점으로부터도 하키 퍽을 수비수들 사이로 굴려 가로 6피트, 높이 4피트의 골문으로 집어넣는 재주를 타고난 웨인 그레츠키, '위대한 선수' 웨인 그레츠키가 모짜르트의 피아노 협주곡 25번 C장조를 연주하기 시작한다. 그가 이 세상에서 가장 아름다운 피아노 곡을 망치고 있는 동안 지구 위 저 높은 곳에서 두 줄기의 고통에 찬 비명 소리가 밤 하늘을 꿰뚫는다. 하나는 아이스 하키 천재성을 그에게 심어준 천사의 것이고 다른 하나는… 모짜르트

의 비명 소리이다.

얼마 전 '동기 부여 포스터'를 본 적이 있다. 거기에는 "'팀 (team)'에는 '나'라는 말은 없다"라고 적혀 있었다. 그걸 생각해 낸 사람이 누구인지는 모르지만 그런 철학은 정말 한 회사를 그대 로 가라앉게 만들고 말 것이다. 위대한 팀은 훌륭한 기량의 개개 인들에게 자신들의 강점을 발휘할 수 있도록 할 때 만들어진다. 나는 맨체스터 유나이티드 축구팀의 알렉스 퍼거슨 감독이 골키 퍼들에게 공을 돌려 차는 연습을 시킨다는 말을 아직 들은 적이 없다. 베컴 같은 선수가 있는데 누가 그런 것을 배울 것인가? 위대 한 리더와 감독들은 똑같은 기술을 갖고 있다. 그들은 개인의 탁 월함이 발휘되도록 하면서 팀웍을 만들어낼 줄 아는 사람들이다.

기업들은 특별한 재능을 가진 직원들에게 어떻게 하면 더 효율 적으로 보상할 수가 있을까? 바로 그들에게 그 재능을 사용할 기 회를 더 많이 주는 것이다. 만약 뛰어난 영업사원이 있다면 여러 분은 아마 그를 영업 현장에서 빼내 매니저를 시켜주는 것이 적절 한 보상책이라고 생각할지 모른다. 그러나 우리는 어떻게 해서든 지 그런 사람들이 남다른 재능을 가진 일을 계속하면서 가치를 인

정 받을 수 있는 그런 문화를 만들어내야 한다. 그에게 더 큰 사무실을 줄 것이 아니라, 그에게 더 큰 도전 목표를 주도록 하라.

승진이라는 것이 실제로는 자신들의 진짜 재능을 억누르고 주위 모든 사람들을 괴롭게 만드는 것임에도 불구하고 필사적으로 거기에 매달리는 사람을 보는 것보다 더 슬픈 일은 없다. 이런 문제가 발생하는 원인은 너무 많은 회사들이 지극히 제한적인 방식에 의지하여 성공을 측정하기 때문이다. 그러나 위대한 매니저들은 승진 사다리를 만들어낸다. 그들은 때로는 사람을 중심으로 자리를 조절해야 한다는 것을 깨닫고 있다. 다시 말하자면: 스스로의 강점을 개발하고, 자신의 약점을 보완해 줄 수 있는 사람을 옆에 두도록 하라.

아니타 로딕(Anita Roddick)은 어머니가 해주던 말을 기억하고 있다.

"아니타, 특별한 사람이 되도록 해라, 뭐가 되든 상관 없지만 시시한 사람만은 되지 말아라."

그의 일대기가 〈불의 전차〉라는 영화로도 만들어졌던 올림픽 마라톤 부문 금메달리스트, 에릭 리델(Eric Liddell)은 이렇게 말한다.

"신은 나를 빠른 사람으로 만들었고 나는 달릴 때 하나님이 기뻐하시는 것을 느낄 수 있다."

리덜은 자신의 X인자를 발견한 것이다. 나는 우리 모두가 적어도 한 사람쯤은 자신의 X인자를 찾도록 도와야 할 책임이 있다고 믿는다. 이는 우리가 부모이든, 친구이든, 아니면 회사 CEO이든 마찬가지이다. 사람은 회사의 가장 큰 힘이다. 경쟁사들이 우리 기술은 베낄 수 있을지 몰라도 우리 직원들은 베낄 수 없다. 또 사람들은 자신들의 강점을 발휘할 수 있을 때 엄청난 위력을 갖게 된다.

영화 〈패튼 장군〉에서 주인공 역을 맡은 조지 C. 스콧(George C. Scott)은 쌍안경으로 긴 골짜기를 바라보고 있다. 그는 자신의 숙적인 독일의 롬멜 장군이 골짜기 반대편 끝에서 탱크들을 배치하는 것을 지켜보고 있다. 패튼은 롬멜 부대의 옆구리를 공격하여 결정적인 승리를 거둔다. 전투가 끝난 후에 상념에 잠겨 있던 패튼 장군은 이렇게 중얼댄다.

"롬멜, 늙은 여우 같으니라구, 난 자네 마음을 읽었어."

패튼 장군은 시간을 내어 자신의 적을 파악했던 것이다. 기업에

서도 사람들이 행동하는 이유와 방식을 이해하기 위해서는 동료, 직원 등 회사 사람들의 '마음을 읽는 것'이 마찬가지로 아주 중요하다. 또 가능하다면 자신의 마음을 읽는 것도 중요하다.

여러분이나 나나 자신의 강점을 알고, 이를 발휘하게 해줄 사람들을 찾을 때까지는 진정한 성공을 찾을 수가 없다. 하지만 서두르라, 시간이 별로 없다. 쿠엔틴 크리스프(Quentin Crisp:영국에서 미국으로 이주한 작가 겸 배우. 자신의 힘들었던 유년시절을 다룬 저서 『벌거벗은 공무원』을 통해 국제적 명성을 얻었다.)의 말은 옳았다.

" '난 사실은 발레 댄서가 될 사람'이라고 하면서 30년 동안 돼지 농장을 엉망으로 경영한다면 좋을 게 하나도 없다. 그때쯤이면 그 사람은 완전히 돼지 스타일이 돼버리기 때문이다."

머레이 교수의 강의 노트 3

개인을 위한 조언

대부분의 사람들은 자신의 강점이 무엇인지를 생각할 시간을 거의 갖지 않는다. 오늘 당장 자신에 대한 연구를 시작하라!

판단력을 갖춘 신뢰할만한 사람과 함께 차를 나누며 다음과 같은 질문을 해보라.

◆나의 주 특기나 기술은 무엇일까?

◆그 특기를 더 효과적으로 활용하기 위해 어떤 조처를 취할 수 있을까?

◆나는 내게 맞는 일을 하고 있는가?

◆직장의 어느 부서에서 내가 가장 가치를 발휘할 수 있을까?

◆우리 회사에서 필요로 하며, 내가 익힐 수 있는 기능 같은 것이 있을까?

스스로에게 다음 질문을 하라

◆ 다시 선택할 수 있다면 나는 어떤 일이나 역할을 맡고 싶은가?

◆ 내게 쉬운 일들은 어떤 것들인가?

◆ 현재 내 시간 대부분을 내 강점을 발휘할 수 있는 일에 보내고 있는가?

◆ 내가 제일 잘 하는 일을 할 기회를 갖는다는 것이 내게 얼마나 중요한가? 또 그런 기회를 위해 승진과 경제적 보상까지 포기해야 한다면 어떻게 할 것인가?

기업을 위한 조언

◆ 우리 회사에는 사람들의 감춰진 강점을 발견할 수 있는 가능성
  이 있나?

◆ 우리 회사의 승진을 통한 보상 제도가 뜻하지 않게 직원들을
  그들의 X인자에서 멀어지게 한 적은 없는가?

인생은 우리 누구에게도 쉽지 않다. 하지만 그런들 어떤가?
우리는 인내와 또 무엇보다도 자신에 대한 믿음을 가져야 한다.
우리는 스스로가 어떤 일에 대해 재능을 갖고 있다고 믿고, 무슨
대가를 치르더라도 바로 그 일을 획득해야 한다고 믿어야 한다.

— 마리 퀴리(Marie Qurie) —

10월 30일 화요일, 밤 10시 5분

머레이 교수가 파이프에 불을 붙이느라고 애쓰고 있는 동안 잭은 참을성 있게 기다리고 앉아 있다. 마침내 노교수는 피어오르는 연기 사이로 잭을 바라보며 물었다. "사업에 대한 기초적인 질문이 있는데, '검정색 범위 내에서 무슨 색이라도 고를 수 있다'고 말한 게 누군지 아나?"

잭은 초등학생처럼 신이 나서 대답했다. "헨리 포드요!"

"맞았어. 자 이제 헨리 포드에 대해 자네가 모르고 있는 일을 이야기해 주겠네. 포드가 사업을 시작했을 때 그는 회사 운영에 대한 평가를 받기 위해 시간과 활동량 측정을 전문으로 하는 전문가를 초빙했어. 그 컨설턴트와 회사를 돌다가 안락의자에 앉아 벽난로 앞에 발을 얹고 파이프 담배를 피우고 있는 사람을 만나게 됐지. 그러자 포드는 이렇게 말했어. "저 사람은 건드리지 마세요. 그 사람은 나를 만들고, 구해주고, 다른 사람들을 다 합친 것보다 돈을 더 많이 벌어준 사람입니다."

노교수는 마치 자신이 헨리 포드가 말한 안락의자에 앉은 고문이라도 된다는 듯이 파이프를 뻑뻑 빨아댔다.

"우리는 그런 사람이 더 필요해요. 그런 몽상가들을 찾아야 한다네. 자 연필을 꺼내서 이 말을 적도록…"

네 번째 법칙

꿈의 힘을 믿으라

꿈의 힘을 믿으라

내가 어렸을 때 누이들은 나를 놀리고는 했다. 누이들은 나를 '몽상가'라고 불렀다. 그의 말은 맞았다. 나는 학교에서 우수한 편도 아니었고, 한 번도 축구팀에 끼지 못했다. 나는 그냥 앉아 몽상하는 것을 좋아했다. 어떤 때는 우리집 거실 난로의 석탄불 앞에 앉아 재와 불꽃이 뒤엉켜 타는 것에 정신을 잃은 채 그냥 갖가지 상상을 하곤 했다. 당시 내 마음을 사로잡았던 일들이 뭐였는지 지금은 기억 나지 않는다. 하지만 대충 생각해보면 수학시험에서 일등을 한다거나 축구팀에 들어가 골을 넣는다든가 하는 것일 테고 조금 커서는 한 동네에 살던 캐롤 퍼킨스와 데이트를 할 수 없을까 하는 것이었을 것이다. 캐롤은 자기보다 나이가 다섯 살이나 많고 오토바이가 있는 남자아이들이 아니면 꿈도 꿀 수 없는 상대였다.

이제 석탄불 앞에 앉아 갖가지 상상의 날개를 펴던 시절에서 40년이 훌쩍 지났지만 나는 아직도 당시 그 아이 마음을 되찾을 수 있기를 바란다. 사업에 몸담고 있는 대부분 사람들의 문제는 꿈꾸기를 그만뒀다는 데 있다. 그들에게 영감을 주고, 갑자기 떠오른

아이디어를 편지 봉투 뒷면에 휘갈겨 쓰게 만들고, 친구들을 지겨워 죽도록 만들고, 전혀 불가능해 보이는 아이디어로 은행 매니저들을 짜증나게 만들었던 그 꿈들 말이다. 이제 그들의 사업은 자리가 잡혔다. 친구들은 그들에게 찬탄을 보내고, 은행 매니저들은 매년 크리스마스에 다이어리를 선물로 보내고 있을 수도 있다. 그러나 그들은 꿈꾸기를 그만뒀다. 그들은 이제 관리자가 됐다. 리차드 브랜슨(Richard Branson: 영국 버진 그룹 회장)이 사업 활동에서 제대로 하고 있는 것이 하나 있다면 그가 결코 어른이 되지 않는다는 점일 것이다. 그는 아직도 자기 시간의 반을 꿈꾸는 데 보내고 있다.

이 세상에서 가장 유명한 꿈은 마틴 루터 킹이 간직하고 있었다.

"나는 내 어린 네 명의 아이들이 언젠가는 그들의 피부색이 아닌 인격에 의해 평가되는 나라에서 살게 되리라는 꿈을 갖고 있습니다. 오늘 나는 꿈이 있습니다."

그의 꿈은 온 세계가 그들에게 '당신들 꿈은 불가능한 것' 이라고 외치고 있음에도 불구하고 수백만 사람들이 변화를 일으키도록 하는 힘이 됐다. 기업이건, 개인이건, 심지어 사회에까지 꿈은 변화를 가져올 수 있다. 하나님은 우리가 꿈을 갖도록 창조하셨

다. 로버트 브라우닝(Robert Browning)은 이렇게 썼다.

"아, 인간은 자기 손이 닿는 이상으로 손을 뻗쳐야만 한다. 아니면 하늘이 무슨 소용인가?"

그렇지만 '몽상가'라는 단어는 그 자체로 무슨 일이건 끝까지 하는 적이 없는 사람을 연상시킨다. 그게 꿈꾸는 것을 그만 둘 이유가 되지는 않는다. 그러나 소망을 현실로 만들기 위해 우리는 이 꿈의 힘을 좀 더 현실적인 전략과 결합시켜야 한다. 여러분이 꿈은 있었지만 한 번도 이를 실현시키지 못했다면 앞으로 나오는 몇 페이지가 여러분의 인생을 바꾸게 될 수도 있다. 여러분 회사에 '몽상가'가 있다면 그를 해고하지 말고 다음 전략들을 사용하도록 하라. 그렇게 하면 꿈꾸는 사람과 꿈을 잡는 사람(드림 캐처)을 결합시켰을 때 나오는, 세상에서 가장 강력한 힘을 발휘하게 될 것이다.

모든 몽상가들은 드림 캐처가 필요하다

내가 이 책을 쓰고 있는 바로 앞 서재 벽에는 고기 잡는 그물처

럼 생긴 커다란 것이 걸려있다. 둥근 철사 테에 두 가지 크기의 그물이 달려 있는 것으로 그 끝 쪽에는 깃털들이 걸려 있다. 그런 게 있다는 이야기를 듣기는 했지만 최근 미국 인디언 보호구역에서 만든 물건을 파는 작은 상점에 들어갈 때까지는 그것을 본 적이 없었다. 바로 그 가게 천정에 그 드림 캐처가 걸려 있었다.

우리는 모두 몽상가들이 갖는 위험에 대해 알고 있다. 그들은 비현실적이고, 어리석은 모험을 하고, 그들이 가진 꿈은 그냥 가능성이 적은 게 아니라 완전히 불가능한 것일 수 있다. 미운 오리 새끼가 백조가 되는 것을 꿈꾸는 것은 그럴 수 있다 쳐도 평생 홍학이 될 꿈만 꾸다가 이루지 못할 수도 있는 것이다. 그런 모든 이유 때문에 몽상가들은 그들의 꿈을 함께 나누고, 격려하고, 때로는 그들을 현실세계로 끌어오고, 경우에 따라서는 그들이 '홍학' 증세를 겪고 있다고 이야기해줄 수 있는 사람이 적어도 한 명은 필요하다. '조언자가 많은 것이 안전하다' 는 말도 있다. 자기들의 꿈을 이해하거나, 그 꿈을 잡도록 도와줄 수 있는 사람이 전혀 없나고 믿는 것은 좀 어리석고 분명히 오만한 생각이다.

그러나 우리가 믿고 비밀을 털어놓을 사람은 비전을 가진 사람들이어야 한다는 것이 중요하다. 그런 사람들은 "무슨 일이든 할

수 있다"는 의지를 가진 사람들이기도 하다. 나는 그런 이들을 '드림 캐처'라고 부른다. 그들은 앞에 산이 막혀 있어도 "포기하고 돌아가야 한다"고 말하지 않는다. 대신 "저것을 어떻게 넘거나, 돌아가거나, 없애버릴 수 있을까?"라고 묻는다. 반면 꿈을 깨는 사람들은 이렇게 말한다. "저렇게 큰 산은 지금까지 본 적이 없어. 아마 사람들이 저 산을 넘으려고 하다가 죽었을 거야, 바로 오늘 오후에 그런 일이 있었을 수도 있지."

자신의 꿈을 한 번도 이뤄본 적이 없는 사람들은 꿈을 나눌 사람을 잘못 선택한 탓이다. 여러분도 그런 부류에 속할 수가 있다. 새로운 아이디어가 넘쳐, 꿈이 실현될 수 있다는 벅찬 감정을 안고 상사, 친구 혹은 가족에게 달려갔다가 기껏 냉수만 뒤집어쓰고만 것이다. 나 자신도 살면서 사람들이 꿈을 실현하기 위한 답을 찾는 데 도움을 준 적도 있지만 오히려 문제만 일으킨 유감스러운 경우들도 있었다. 그 중 한 가지를 밝히겠다.

한 부부와 내가 앞에 놓고 있는 것은 빈 땅이었다. 남편은 장애인이었다. 사실은 벌써 10년 이상 휠체어에 의지해 살고 있었다.

그들은 생활보조금을 받고 있는 사람들이었다. 부부는 내게 장애인들을 위한 휴양시설을 짓는 꿈을 갖고 있다고 했다. 남편은 이렇게 말했다.

"여기에 장애 아동들을 위한 테마파크를 세우고 싶습니다. 휠체어를 탄 아이들도 좀 모험을 할 필요가 있거든요. 가끔 휠체어에서 떨어져 넘어지는 일이 있더라도 말입니다."

내 생각에 그 꿈은 완전히 '홍학' 범주에 속하는 것으로 보였다. 그래서 부부에게 비현실적인 목표의 위험에 대해 경고했다. 그들은 실망했지만 그래도 공손한 태도를 잃지 않았고, 내가 시간을 내어 조언해준 데 대해 감사를 표했다. 내 말에 상심하기는 했지만 그래도 그 부부는 내 사무실에서 나가자마자 자신들의 꿈을 실행하는 일에 착수했다.

부인은 간호사로 취직했고 남편은 가구를 만들어 친구와 가족들에게 팔기 시작했다. 마침내 그들은 부동산 중개인의 말에 의하면 '좀 현대화할 필요가 있는' 작은 연립주택을 한 채 샀다. 이들 부부는 최대한도로 아끼며 살았고 남는 돈은 모두 새로 산 집을 고치는 데 썼다. 밤낮으로 집을 가꾼 덕에 그들은 그 집을 팔아 상당한 이익을 남길 수 있었다. 그 다음에는 땅을 샀고 사람들에게

사정하고 빌리는 등 온갖 수단을 다해 건축자재, 건축에 필요한 조언, 도움 등을 얻어냈다. 부부는 장애인과 일반인들이 편안하게 함께 살 수 있는 집을 설계하여 지었다. 집 건축이 진전되면서 어떤 유수한 잡지가 이를 고정 특집 기사로 다루게 됐다. 3년 후 부부는 완성된 집을 팔았고 거기서 번 돈을 바로 자기들의 꿈에 투자했다.

그 친구는 몇 개월 전에 갑자기 죽었다. 하지만 자신이 만든 농장에서 수천 명의 장애 아동들이 휴가를 보내고, 닭 모이도 주고, 염소 젖도 짜고, 가끔 어드벤처 공원에서 휠체어에서 떨어지는 모습도 다 보고 난 이후였다. 또 정부에서 그를 장애인들을 위한 주택 및 프로그램을 위한 고문으로 임명하고, 자신이 가졌던 꿈이 다 이루어진 것을 이미 다 보고 난 다음이었다.

물론 그러기까지 많은 실망과 실패가 있었던 것이 사실이다. 그러나 실패와 더불어 사는 법을 배우는 것도 꿈꾸는 사람들의 중요한 자산 중 하나이다. 한번은 기업 컨설턴트가 내게 이렇게 말했다.

"하루 밤 사이에 성공하려면 15년이라는 세월이 걸립니다."

나는 그 말에 크게 공감하며 그 15년 동안 분명히 많은 실패가

있었으리라는 것을 의심치 않는다. 내가 '분명히' 라는 말까지 써 가며 확실히 말할 수 있는 것은 만일 그로 인해 완전히 주저앉지만 않는다면 실패보다 더 효과적인 스승은 없기 때문이다.

다음은 시어도어 루즈벨트 (Theodore Roosevelt)전 미국 대통령의 말이다.

"중요한 것은 비평가들이 아니다. 강자가 어디서 넘어졌으며, 실제 행동에 나섰던 사람이 어떤 면에서 약간 부족했다는 등 지적이나 하는 사람들이 중요한 것이 아니다. 공로자는 얼굴이 먼지, 땀, 피로 뒤범벅된 채 용감히 싸우는, 실제 격투장에 있는 사람이다. 그는 잘못을 하지만 계속 금방 다시 일어난다. 그는 위대한 열정과 위대한 헌신을 알며 가치 있는 목적을 위해 자신을 바친다. 그는 최선의 경우에는 마지막에 엄청난 성취의 승리감을 맛보게 되며, 실패로 막을 내리는 최악의 경우라 하더라도 최소한 용감하게 모험을 하다가 실패하는 것이다. 따라서 그는 승리도 패배도 모르는 차갑고 비겁한 정신을 가진 사람들과는 절대 같지 않을 것이다."

요즈음 나는 사람들의 꿈을 좀더 신중하게 다루고 있다. 몽상가

들은 위험한 사람들이다. 그들은 규정을 무시하고, 지독한 집요함으로 사람들을 짜증스럽게 하기도 한다. 그러나 그들이 없다면 세상은 훨씬 재미없을 것이다. 우리는 몽상가들을 만나면 좀 겸손해질 필요가 있다. 왜냐하면 그들은 실패하더라도 손을 뻗고 애를 쓰다가 실패할 테고, 가끔가다 한 번씩은 그 꿈을 실현할 수도 있기 때문이다.

그건 안 되는 일이라고 말하는 사람들은 적어도 그 일을 하는 사람들을 방해하지는 말아야 한다.

꿈꾸는 데 그치지 말라 — 씨를 심으라

씨를 심지 않은 곳에서 나무가 자랄 것이라고 믿지는 않지만, 나는 씨에 대해 큰 믿음을 갖고 있다. 거기 씨를 심었다는 사실만 믿게 해주면 나는 기적을 이룰 준비가 돼 있다.

— 헨리 데이비드 쏘로 —

얼마 전 기업 간부들을 위한 회의에 연사로 초빙된 적이 있다.

마지막 시간이었고 다른 연사 중 한 사람이 엄청 피곤했던 회의를 이제 마무리하고 있었다.

"지난 24시간 동안 우리는 훌륭하신 연사님들의 말씀을 들었고 우리가 몸담은 회사와 개인생활을 변화시켜야 한다는 데 대한 동기 부여도 충분히 받았습니다. 그러나 지금 우리가 가진 것은 한 줌 씨앗에 지나지 않으며, 그것들을 심지 않는다면 자라지 않을 것입니다."

그의 말은 맞았다. 개인적으로 나는 단 한 가지 좋은 아이디어를 얻기 위해 하루 종일이라도 세미나에 앉아 있을 용의가 있다. 그런데 많은 사람들의 문제는 회의장을 나설 때 각종 아이디어가 적혀 있는 회의 메모를 들고 나오면서도 마음 속에서는 그 아이디어들이 결코 결실을 맺지 못하리라는 것을 알고 있는 것이다. 일단 세미나 장을 떠나 쫓기는 일상생활로 돌아오면 그것들을 다시 보게 되지 않기 때문이다.

그 연사는 그러더니 조그만 화분들을 올려놓은 테이블을 들고 나왔다. 테이블 옆에는 흙을 담은 부대가 있었고 그는 손에 씨앗을 한 줌 들고 있었다. 그는 참석자들에게 바로 그 자리에서 앞에 나와 화분, 흙을 받아 씨를 심으라고 요청했다. 그는 또 꿈이 자라

는 것을 보려면 세 가지 조건이 필요하다고 말했다. 첫째, 씨앗이 있어야 하고, 둘째, 그걸 정말 심어야 하며, 셋째, 가끔 물 주는 것을 기억해야 한다는 것이었다.

참석자들은 한 명씩 앞으로 나가 씨를 심었다. 만일 그 사람들이 세 번째 조건을 기억하여 가끔씩 물을 줬다면 아마 지금쯤 그 씨앗들은 어엿한 나무로 자라 있을 것이다. 그런데 한 사람은 하지 않았다. 화분을 받고 거기에 흙을 약간 담은 것은 사실이지만 연사가 그에게 씨앗을 줄 때 나는 그가 씨앗을 그냥 주머니에 넣는 것을 보았다. 손을 더럽히지 않고 싶었을 수도 있고, 그런 짓이 자기로서는 너무 격에 떨어진다고 느꼈기 때문일 수도 있다. 그러나 아마도 "나중에 하자"고 생각했을 가능성이 더 높을 것 같다. 그 방에서 걸어 나온 40명의 사람들이 방금 꿈을 심었는데, 그 남자만은 꿈을 주머니에 넣고 떠난 것이다.

지난 25년간 나는 비전을 가진 수 많은 남자, 여자들을 만났다. 그들은 자기 일, 자기 직장 부서, 또 사업에 대한 꿈을 갖고 있었다. 그런 사람들과 함께 있다는 것은 아주 신나는 일이다. 그들은 세상

을 변화시킬 것이기 때문이다! 그럼에도 불구하고 그 꿈들은 성공할 기회는커녕 실패할 기회조차 얻지 못하는 경우가 대부분이다.

어느 나라 말로 하건 누구든지 금방 알아듣는 말들이 있다. 뉴욕의 JFK공항이건, 우간다의 엔테베 거리이건, 모스크바의 붉은 광장이건 '택시'라는 말은 어디서나 통한다. 또 스페인어, 중국어, 이탈리아어를 모르더라도 마드리드, 베이징, 로마 등 어디서든지 누군가를 붙들고 '호텔'이라고 말하면 그들은 제대로 길을 알려줄 것이다. 그 누구나 아는 단어 리스트에 새로운 것들이 더 추가됐다. 바로 몇 백억 달러 짜리 브랜드라고 하는 것들로, 그 중 하나가 '맥도날드'이다.

맥도날드의 이야기는 어떻게 시작됐을까? 공식 기록에 따르면 레이 크록(Ray Kroc)이라는 남자가 캘리포니아 프레스노의 한 햄버거 집 앞에 서서 언젠가 자기 햄버거를 미국 전역에서 팔 것을 꿈꾸는 것으로 시작된다. 하지만 그것은 사실이 아니다. 꿈만 가지고 가맹점을 모집할 수는 없는 것 아닌가. 그게 아니라 맥도날드 신화는 크록이 전화를 걸 때 시작됐다. 그는 실제로 전화를 걸어 햄버거 빵과 소고기 값을 물어봤던 것이다. 그가 활동을 시작

했을 때 맥도날드 역사가 시작됐다. "천리 길도 한 걸음부터"라는 속담도 있다.

　이는 기업 세계에만 해당하는 것은 아니다. 우리가 만나게 되는 거의 모든 사람들이 꿈을 갖고 있다. 나는 책을 쓴다거나, 외국어를 배운다거나, 운동을 한다거나, 가족들과 더 많은 시간을 보낼 거라고 말하는 사람들을 자주 본다. 이 꿈들 하나하나가 모두 진짜이고 진지한 것들이다. 그런데도 실제 현실로 이루어지는 꿈은 별로 없다. 꿈이 희망이고, 그것에 착수하는 것이 열쇠라면, 꿈을 실현하기 위해 활동을 시작하는 것을 막는 장애물은 무엇일까?

　대부분 내세우는 이유는 '시간'이다. 우리는 곧잘 이렇게 말한다. "시간만 좀더 있으면…", "은퇴하면 그림 그리는 걸 배우겠다", "승진하면 당신과 아이들과 더 많은 시간을 보내겠다" 이상한 일은 갑자기 시간이 더 생기게 되면 재빨리 뭔가가 이를 차지해 버린다는 사실이다. 몇 년 동안 계속 보조직원을 구해주겠다는 약속을 들어왔다고 하자. 그 사람에게 우리의 문서 업무를 전부 맡기고, 우리는 당초 회사의 성공을 가능케 했던 본래의 일로 돌아갈 수 있게 해 준다는 거였다. 어느날 갑자기 그 사람이 온다.

이제 그럼 꿈을 실현할 시간이 있을까? 결코 아니다. 우리가 얻은 '새로 생긴' 시간은 어딘지 모르지만 다 쓰이고 만다. 그게 어디라고 꼭 집어 말하기는 힘들고, 그냥 사는 게 늘 너무 바쁜 것이다. 이제 그 직원이 오기 전에는 어떻게 견딜 수 있었는지 의아해할 뿐이다.

우리는 또 '시간 절약 도구'를 찾는 데 열심이다. 여러분 증조할머니가 식기세척기, 작은 방 크기만한 냉장고, 이메일 또 여러분들이 지금 갖고 있는 온갖 종류의 '시간 절약 도구'들을 과연 상상이나 할 수 있었나? 그들은 어떻게 일을 했었나? 그렇다고 여러분이 과연 증조할머니보다 시간이 더 많은가? 우리는 집에서는 그 '시간 절약' 장비들을 수리하느라고, 또 그 도구들 때문에 들어가는 보험료를 버느라고 거의 모든 시간을 일하며 보낸다. 어느 날인가 어떤 사람이 우리에게 카펫 빗자루를 팔려고 했다. 그러면 매일 진공청소기를 꺼낼 필요가 없다는 것이었다. 우리가 진공청소기를 산 이유가 바로 빗자루를 매일 꺼내지 않기 위해서라는 사실을 깨닫기 전까지 우리는 거의 그걸 살 뻔했다.

나는 시간이 많다고 말하는 사람을 거의 보지 못한다. 회사 중

역이든, 혼자 아이를 기르는 부모이든, 제과공, 학생, 아니면 간호사이든 사람들은 늘 "나 지금 바빠요" 아니면 "하루가 너무 짧아요"라는 말을 한다. 자, 그 문제에 대해 한번 생각해보자. 하루는 어느날이나 정확히 1,440분이다. 얼마나 되면 만족스러울까? 내가 요술 지팡이를 흔들어 20분, 아니면 60분을 추가로 줄 수 있다고 하자. 여러분이 시간에 쫓기지 않으려면 하루가 몇 분이나 더 늘어나면 충분할까?

가끔 시간 관리 강좌를 해달라는 요청을 받곤 하는데 나는 보통 하는 식의 강좌는 사양한다. 내가 바쁜 기업체 간부들에게 하루 한 시간 정도를 더 만들어줄 수 있다 해도 그게 장기적으로는 별 도움이 안 된다는 것을 알고 있기 때문이다. 그들은 그 시간을 늘 똑같은 정신 없는 활동으로 채워버릴 것이다.

또 나는 '시간 절약'에 대해서는 강연을 하지 않는다. 왜냐하면 시간은 쓰는 것일 뿐 절약할 수 있는 것이 아니기 때문이다. 사람들이 "한 시간 절약했다"고 말하면 나는 그들에게 그걸 보여달라고 한다. 그게 아니다. 우리의 꿈을 잡기 위해서, 우리는 우리가 갖고 있는 제한된 시간 내에 그렇게 하는 법을 배워야 한다. 실제로 누구나 다 시간이 더 있었으면 하지만 누구든지 정해져 있는

시간 이상을 가질 수는 없다. 캘커타의 거리를 헤매는 거지이건 세계에서 가장 막강한 인물이건 정확히 똑같은 양을 갖고 있는 것이 바로 시간이다. 남자건, 여자건, 어린이건, 우리는 모두 1,440분이 들어 있는 시간 자루를 가지고 하루 하루를 시작한다. 그리고 문제가 되는 것은 시간 도둑이다.

다이앤과 내가 결혼하고 얼마 안 지났을 때 집이 도둑맞은 적이 있었다. 6월 어느날 밤 우리 집에 들어온 도둑이 누구였는지는 모르지만 아무튼 배려 깊은 사람이었다. 그는 집을 난장판으로 만들지도 않고, 많이 가져가지도 않고, 우리를 깨우지도 않았다. 실제로 꽤 시간이 지나서야 우리는 누군가가 우리의 얼마 안 되는 자산을 훔쳐갔다는 사실을 알게 됐다. 아침식사 때 내가 다이앤에게 물었다. "지금 몇 시지?" 그녀가 대답했다. "서랍장 위에 시계가 있잖아요." 그러나 시계는 거기에 없었다. 또 문 옆의 테이블 위에 있던 라디오, 낮은 찬장 위에 있던 놋쇠 촛대도 사라지고 없었다. 그 도둑은 우리가 모르는 사이에, 말 그대로 비로 우리 코 앞에서 조용히 우리 물건을 훔쳐간 것이었다.

　시계가 자정을 치고, 1,440분이 들어있는 주머니가 우리 머리맡에 배달될 때면 시간 도둑은 활동을 개시한다. 이 악당은 우리가 가족과 함께 보낼 시간, 승진하거나 시험에 합격할 기회를 훔쳐간다. 이 도둑의 이름은 "나중에"로 평생 사람들의 시간과 꿈을 훔치는 일을 했다. 희망, 야망, 아이디어, 꿈을 가진 사람을 볼 때마다 그는 이렇게 꼬인다.

　"아주 좋아요. 하지만 오늘은 아니고. 오늘은 차도 닦고, 치과도 가고, 6개월째 미루고 있는 전화도 걸어야지."

　그리고 잠에서 깨어날 때 그는 침대 옆에서 기다리고 있다가 직장에 지원하고, 무겁게 짓누르고 있는 빚 문제도 해결하고, 사업 상황을 바꿔놓을 수 있는 전화도 하고, 가족 사이의 손상된 관계를 회복하는 일도 시작하라고 권해놓고서는, 우선 다른 일부터 먼저 하라고 졸라댄다. 그는 여러분의 꿈은 나중에 잡으라고 유도할 것이다.

　이 악당을 먼저 해결하지 않는 한 여러분이나 나나 우리의 꿈을 실현할 가망이 없다. 시간 도둑의 위력은 그가 숨어있다는 데 있다. 그를 보기만 하면 무찌를 수 있는 것이다. 드림 캐처가 되고 싶으면 오늘 당장 시작하라. 목표를 향해 아무리 작은 발걸음이라

도 우선 내딛으라. 만일 그 일이 너무 엄청나 보이면 그것을 잘게 쪼개 작은 부분부터 시작하라.

 내가 첫 저서를 쓰려고 했을 때가 기억난다. 출판사측은 65,000 단어 정도 분량의 책을 원한다고 말했다. 나는 "내가 65,000 단어 씩이나 알 것 같지 않은데요!"라고 대꾸했다. 몇 주 동안 나는 계약서를 들여다보고는 곧 다른 일만 했다. 수년 동안 본 척도 안 했던 일에까지 손을 대고 있는 자신을 발견했다. 갑자기 그것들이 꼭 해야 되는 일처럼 느껴졌다. 나는 서가의 책들을 정리하고 책상 서랍을 청소했다. 그러던 어느날 나는 나로 하여금 첫 페이지를 시작하는 것을 미루도록 만드는 것이 시간도둑이라는 사실을 깨달았다. 그 악당을 알아챈 순간 그는 나에 대한 힘을 잃었고 나는 일을 시작하기로 결심했다. 나는 책상에 앉아 막 울리기 시작한 전화벨 소리도 무시한 채 10개 장의 제목을 썼다. A4 용지에 제목 10줄, 그게 다였다. 다음 날 나는 1장의 처음 2 페이지를 썼다.

 출판사가 내게 완성된 『이 모든 것을 사랑으로(Loving Against the Odds)』를 보내왔을 때 나는 책을 한참 손에 들고 있었다. 내가 책을 쓴 것이었다. 그것은 나의 꿈이었는데 하나님의 은혜로 내가

그 꿈을 잡은 것이었다. 그날 이후 내 책들은 전세계에서 10개국어로 번역돼 팔렸다. 거의 매주 내책 덕분에 자신의 인생이 변화됐다는 편지를 받게 됐다. 그 모든 것이 그 책 하나로 시작됐다. 그러나 그 책을 쓰며 나는 거의 매일 '나중에' 라는 이름의 시간도둑과 싸워야 했다. 그는 또 내게서 책을 훔쳐갈 뻔했다. 실제로 나로 하여금 책을 말끔히 치운 사무실과 바꾸게 하려는 그의 작전은 거의 성공할 뻔했다.

꿈은 전염된다

꿈을 가진 사람들은 자기들의 꿈만 가져오는 것이 아니라 다른 사람들에게까지 꿈을 심어준다는 이유만으로도 기업들은 그런 사람들이 꼭 필요하다. 로저 배니스터(Roger Bannister)는 젊었을 때 꿈을 갖고 있었다. 사상 처음으로 1.6 km를 4분 이내에 주파하는 것이었다. 너무 많은 이들이 그에게 사람의 몸은 일이라고 말했다. 일부 의학 전문가들은 그에게 사람의 몸을 그 정도 속도로 뛸 수 있게 만들어져 있지 않다고 경고했다. 실제로 그들은 몇 가지 실험을 하고 그렇게 빨리 뛰었을 때 흉곽 속의 심장이 터지게 된다는 것을 보여줬다.

　1954년 5월, 구름이 끼어 잔뜩 흐린 어느 날 로저 배니스터는 3분 59초 4만에 테이프를 끊었다. 그러고도 그의 심장은 멀쩡했다. 또 그뿐 아니라 그는 다른 사람들의 심장에까지도 영향을 미친 것 같았다. 1957년 말에 이르러서는 4분대 기록을 깬 사람이 16명이나 더 나왔기 때문이다. 바로 이런 이유로 기업들은 꿈꾸는 사람들이 필요한 것이다.

　헬렌 켈러는 생후 19개월이 됐을 때 병을 앓아 시력과 청력을 모두 잃게 됐다. 여섯 살이 됐을 때 헬렌 켈러는 가정교사의 후두에 손을 대 진동을 '읽는' 방식으로 말을 배우기 시작했다. 그녀는 점자를 통해 읽고 쓰는 법도 배웠고 마침내 래드클리프 대학까지 졸업하게 됐다. 그녀는 또 '헬렌 켈러 맹아원'을 설립했고 전 세계를 돌며 강연을 했다.
　"앞을 못 보는 것보다 더 나쁜 일을 상상할 수 있느냐"는 질문에 대해 그녀는 이렇게 답했다.
　"네, 앞을 보면서도 꿈이 없는 거지요."

여러분은 꿈을 가질 권리가 있다

우리 중 일부는 우리가 꿈을 가질 권리가 없다고 믿고 있다. 세상은 평생 자신들이 쓸모 없는 인간이라는 소리를 듣고 살아온 사람들로 가득 차있다. 그런 말들이 씨가 되어 그 사람들은 손대는 일마다 다 실패하는 것처럼 보인다. 하지만 드림 캐처가 되려면 우리는 하나님이 우리를 창조했을 때 실수를 했을 리가 없다는 것을 믿어야 한다.

우리는 스스로 되고 싶어 하는 형이 아닐 수도 있고, 원하는 용모를 갖지 못했을 수도 있다. 또 결손 가정이나 아버지의 학대로 인한 상처를 지니고 있을 수도 있고, 장애를 갖고 있을 수도 있다. 그래도 우리는 꿈을 가질 권리가 있다. 우리들 중 일부는 쓸모 없는 인간이라는 말을 너무 많이 듣다 보니 자신도 이를 믿게 됐다. 그러나 그것은 사실이 아니다.

어렸을 때 우리 집에는 책이 단 3권 있었던 것으로 기억된다. 성경, 옥스포드 영어 사전, 지도였다. 아버지는 우체부였고 어머니는 모자라는 생활비를 벌기 위해 사무실 청소 일을 했다. 어떻게 그랬었는지는 잘 모르지만 아무튼 나는 공립 중학교에 진학하기 위한 자격 시험에 합격했다. 학교에 처음 발을 들여놓은 순간, 거기는

내가 갈 곳이 아니라는 느낌이 들었다. 이제 내가 어울리는 아이들은 자동차와 화장실 달린 집을 갖고 있었고, 그 부모들은 아이들 숙제를 도와주거나 아니면 가정교사를 고용할 여유가 있었다. 또 나중에 친구집에 갔다가 알게 됐는데 그 아이들은 변을 본 뒤 네모로 자른 신문지 대신 두루마리 화장지를 쓰고 있었다.

나는 학교 성적이 신통치 않았다. 첫 학년이 끝날 무렵 선생님이 시험 결과를 등수대로 불러주었던 것을 기억한다. 우리 반에는 34명의 아이들이 있었는데 담임선생님이 부르는 이름이 20등 아래 쪽으로 갔을 때 몇몇 아이들의 얼굴 표정이 지금도 잊혀지지 않는다. 그건 수치심이나 두려움의 표정이 아니라 아예 절망 그자체였다. 스스로 패자라고 믿는 그런 표정이었다. 한번은 내가 꼴찌를 했다. 제일 형편 없고, 제일 멍청하고, 실패하게 돼 있는 아이였던 것이다.

내 인생은 드림 캐처를 만나면서 바뀌었다. 나는 열여섯 살이었고 그는 30대 중반이었다. 그의 이름은 아서였다. 그 부부는 자기들 아이는 갖지 못했지만 교회의 청년 단체 리더였으므로 사실은 자녀가 수백 명 있는 셈이었다. 그들은 방 두개짜리 연립주택에서 아서의 어머니까지 함께 살고 있었다. 정말 온갖 종류의 아이들이

이 특별한 부부로부터 영향을 받았다. 운동을 하는 아이가 있나 하면 아무도 팀에 끼워주지 않는 아이도 있었다. 안정된 가정의 아이도 있었고 아버지가 돌아올 건지 조차 확실히 모르는 아이도 있었다. 교회에 다니는 아이도 있었지만 교회 창문에 돌이나 던지는 아이도 있었다. 하지만 누구이건, 가정 환경이 어떻건, 또 얼마나 말썽을 부려 성가시게 하던 아서에게는 비장의 무기가 있었다. 그는 상대방으로 하여금 특별하다는 기분을 느끼게 했다. 그는 우리에게 하나님은 우리를 있는 그대로 사랑하며, 자기와 부인인 마가렛은 우리를 믿는다고 말했다. 친구나 선생님들이 우리들을 어떻게 생각하든, 일단 아서의 집에 들어서면 왕이라도 된듯한 기분이 들었다.

하루는 그가 내게 말했다.

"룝, 내가 보기에 너는 연설에 재능이 있는 것 같다."

"그럴 리가요!" 나의 대답이었다. "그런 거 해본 적도 없는데요."

그러나 그는 물러서지 않았다. 그는 내가 벽에 있는 거울을 보고 연설을 하게 했다. 또 차를 준비하는 마가렛을 보고 연습하게 했고 어느 날 다른 청년 단체 소속인 약 20명의 아이들 앞에서 연

설을 하게 했다. 아서는 정작 자신은 내가 본 중에서 연설을 가장 못 하는 사람이었음에도 불구하고 아이들에게는 연설하는 법을 가르쳤던 것이다.

내가 열일곱인가 열여덟 살쯤 됐을 때 청중 앞에 서서 "이건 분명 꿈을 꾸고 있는 거야"라는 생각을 하던 것이 기억 난다. 꿈이 신기한 것은 그것들이 실현되기 시작하는 것을 보게 되면 어딘가 더 숨어 있지 않을까 궁금해진다는 점이다.

그 후 나는 대형 지방 법률사무소의 공동 이사가 됐고, 영국에서 가장 성공적인 법률회사를 공동 창업했고, 전세계의 변호사들에게 강의를 하고 있으며, 국제변호사대회에서 기조 연설을 하기도 했다. 어느날 저녁, 비인에서 열린 국제비즈니스회의에서 천여 명의 기업 지도자들에게 연설을 하게 돼 있었다. 나는 호텔에서 아서에게 전화를 걸어 말했다.

"선생님께서 이걸 가르쳐 주신 겁니다. 고맙습니다."

작년에 나는 내가 쓴 책의 판촉을 위해 미국에 있었다. 그런데 한 라디오 방송국이 나한테 알리지 않은 채 그를 전화로 연결하였다. 콜로라도 스프링스의 방송 제작실에 있는데, 스피커에서 갑자기 아서의 목소리가 나왔다. 나중에 들었지만 방송국 사람들은 아

서에게 '즉석에서' 해달라고 부탁했는데 아서는 일주일 내내 연습을 했다고 한다. 사회자는 아서에게 그의 그룹에 있었던 소년에 대해 어떻게 생각하냐고 물었다. 그는 자랑스럽다고 말했고 나는 생방송에서 울고 말았다.

어렸을 때 내게 꿈이 있었나? 물론 있었다. 도심지 빈민가의 가게 근처에서 서성대는 아이들도 꿈이 있다고 생각하지 않는가? 내가 방문하는 소년범들, 날이면 날마다 좁은 감방에 갇혀 사는 그들도 꿈이 있다는 것을 내가 믿고 있지 않는가? 하지만 중요한 사실은 꿈만 가진다고 다 되는 것이 아니라는 점이다. 우리는 그 꿈이 실현되도록 도와야 한다. 개인으로써, 또 기업으로써 우리는 각자가 갖고 있는 꿈을 잡도록 서로 도와야 하는 책임을 갖고 있다. 탈락자, 실패자, 아니면 심지어 범죄자로 세상으로부터 버림받은 아이들이 수만 명에 이르는 것으로 알고 있다. 그 아이들에게 가장 필요한 것은 '아서' 같은 드림 캐처를 만나는 것이다.

여러분들도 꿈을 가질 권리가 있다. 개인들은 무엇이든 꿈꿀 권리가 있고, 회사들은 자기들이 상실한 비전을 되찾을 필요가 있다. 자신의 꿈을 잡도록 도와줄 사람을 찾으라. 그리고 어느 정도의 실패를 겪을 각오를 하라. 그러나 가장 중요한 것은 바로 오늘

그 발걸음을 내딛는 것이다. 아무리 작더라도 꿈을 잡기 위한 활동을 정말 시작하는 것이다.

내가 열 살쯤 됐을 때 캐롤 퍼킨스와 데이트를 하고 돌아오는 트레버 포터를 만났다. 같은 동네에 살던, 감히 넘볼 수 없었던 바로 그 캐롤 퍼킨스였다. 엘비스 프레슬리처럼 생긴데다 할리 데이비슨 오토바이를 타는 남자애들이 아니면 처다보지도 않는다고 생각했던 그 캐롤 퍼킨스였다. 그런데 트레버는 반에서 광대짓이나 하고, 오토바이는커녕 스카이콩콩도 없고, 데이트라고는 해본 적이 없는 아이였다.

나는 딱 벌어진 입을 다물지 못한 채 물었다.

"트레버, 너 어떻게 했어?"

그의 대답은 간단했다.

"아, 걔가 정말 좋았거든. 그래서 만나자고 했지."

트레버는 데이트 신청을 했던 것이다.

머레이 교수의 강의 노트 4

개인을 위한 조언

◆다음은 우리들이 꿈을 실현하기 위해 첫걸음을 내딛은 것을 방해하는 '시간 도둑' 들이다. 여러분들에게 가장 자주 찾아오는 시간도둑은 무엇인가?

- 나는 결정을 미룬다.
- 나는 일의 우선 순위를 정하지 않는다.
- 나는 "아니오"라고 말할 수가 없다.
- 나는 일하다가 방해 받는 적이 많다.
- 나는 남들에게 일을 맡기기가 힘들다.
- 나는 계획을 세울 시간이 거의 없다.
- 나는 회의하기를 좋아한다.

◆ 여러분의 인생이 이루지 못한 과거의 꿈 때문에 지장을 받고 있는가? 이에 대한 답을 얻기 위해 자신의 과거사를 좀 파헤쳐 볼 필요가 있다. 그 꿈들은 이제라도 되살릴 수 있을까? 아니라면, 이제라도 깨끗이 묻어버려라. 그렇다고 더 이상 남아 있는 꿈이 없다는 의미는 아니다. 단지 "나는 연기를 하고 싶었는데 아버지가 나를 의사로 만드는 바람에 내 인생은 영원히 끝장났다"는 식의 생각을 버리라는 것이다.

◆ 여러분의 꿈이 작은 일로 시작할 수 있는 거라면, 바로 오늘 씨를 심으라! 그 꿈을 성취하기 위해 긴 여정이 필요하다면 바로 오늘 그 첫걸음을 내딛으라. 이는 희망, 약속 따위가 아니라 전화를 한다거나, 수강 신청을 한다거나, 결정을 내린다거나 하는 구체적인 행동을 말한다.

◆ 꿈을 실현하기 위한 시작조차 막는 것이 실패에 대한 두려움인가? 물론 일을 시작하면 실패 가능성에 노출되는 것이 사실이지만, 그래도 최소한 시작은 한 것이다.

1933년 3월 4일에 가진 취임 연설에서 프랭클린 D. 루즈벨트

(Franklin D. Roosevelt) 대통령은 이렇게 말했다.

"우리가 두려워해야 할 것은 바로 두려움 그 자체 뿐이다."

◆ 여러분의 '드림 캐처'가 될 사람을 찾아낼 수 있는가? 자신이
찾는 드림 캐처의 자격을 잘 생각해야 한다. 내가 '홍학' 증세
에 빠져 있을 때는 현실세계로 불러올 수 있고, 나보다 더 현명
하고, 무엇보다도 나와 나의 꿈을 믿는 사람이어야 한다.

◆ 여러분이 '드림 캐처' 역할을 해 줄 사람이 주위에 있는가?

기업을 위한 조언

기업 세계에 있는 많은 사람들의 문제는 꿈꾸기를 그만뒀다는 데 있다.

◆ 여러분 회사가 한 때 갖고 있던 비전을 상실했을 가능성이 있는가?

◆ 회사를 이끌어가는 사람들이 새로운 비전을 얻을만한 시간 여유가 있는가? 아니면 회사를 유지하기 위한 일상 업무의 부담에 짓눌려 기업가 정신이 소멸되고 만 것은 아닌가?

"그건 될 수가 없다"고 말하는 사람들은 적어도 그것을 하고자 하는 사람들을 방해해서는 안 된다.

◆ 여러분 회사는 의사 결정 과정에서 부정적인 사람들 때문에 꿈을 잡기는커녕, 실제적 조처를 취하는 데도 어려움을 겪고 있지 않은가?

일상적인 사업 파트너 미팅에 들어가보자. 회의실 테이블에 다섯 명이 앉아 있다. 꿈이 있기는 하지만 일단 결정부터 내려야 한다. 이들이 할 일은 흑으로 갈 것인지 아니면 백으로 갈 것인지만을 결정하는 것이다.

시니어 파트너 : "자, 결정을 내릴 때가 됐습니다. 각자 생각을 들어보도록 합시다. 나는 흑으로 가야 한다고 생각합니다."

단 : "흑이요."

실리아 : "흑이요."

이안 : "흑이요."

시니어 파트너는 자기 귀를 믿을 수가 없다. 15년 만에 처음으로 뭔가 결정이 나는 것 같기 때문이다. 저 너머에서 꿈이 이루어지고 있는 것이 거의 보이는 것 같다.

시니어 파트너: "자 그럼, 폴만 남았네요. 어떻게 생각해요?"

폴 : "회색이요…내 말은 정말 결정할 수 없다는 뜻입니다. 고려해야 할 사항들이 너무 많아요. 이 건은 다음 회의로 넘길 수 없을까요? 내가 그에 대한 보고서를 작성하겠습니다."

바로 이런 이유로 "대부분의 파트너 미팅은 좋은 아이디어들을 유인해 불러서 조용히 목졸라 죽이는 막다른 골목과 같다"는 말이 나왔나 보다.

◆ 직원들이 회사를 위한 '꿈' 을 갖고 이를 나누도록 격려할 방법
  이 있을까?
◆ 회사가 작게나마 직원들이 개인적 꿈을 이루도록 도와줄 방법
  이 있을까?
◆ 회사의 꿈이 있는가?

11월 6일 화요일, 저녁 10시 5분

머레이 교수는 이번 주에 배울 주제에 대해 이미 잭에게 이야기해 줬고, 그래서 노교수의 집을 향해 언덕길을 오르는 잭의 마음은 무거웠다. 5주 전, 도서관에서 청소부로 잘못 알았던 노인과의 만남, 또 당초 자기가 거기에 갔던 이유가 떠올랐다. 그는 언덕 꼭대기에서 잠시 걸음을 멈추고 대학 캠퍼스를 내려다봤다. 잭이 도서관에 갔던 것은 아버지를 이해하고 싶은 마음이 절실했기 때문이었다. 잭은 몇 분간 눈을 감고 있었다. 그러자 아버지가 눈에 보이는 것 같았다.

잭의 아버지인 데이빗은 사무실에 마지막까지 있는 것을 즐겼다. 그는 10년간을 늘 제일 늦게 퇴근했다. 그는 회사에 꼭 더 있어야 할 일이 있건 없건 상관 없이 마지막까지 남아 있었다. 하기야 할 일이야 늘 있었다. 밤 9시 반에 고객에게 전화를 하면 그 고객은 그 늦은 시간에 집까지 전화를 걸어 자기 문제를 의논해 주는 정성에 감동을 받곤 했다. 또 준비할 서류들도 있었고, 수정해야 하는 문서들도 있었다. 사무실을 맨 나중에 떠나는 것은 별로 어려운 일이 아니었다. 그럴 마음만 먹으면 얼마든지 가능했다.

그는 의자를 뒤로 젖히고 주위를 둘러봤다. 그는 밤에 보는 사무실의 모습을 좋아했다. 창문 오른편으로는 강둑을 내다볼 수 있었고 왼편으로는 하늘을 찌르듯이 솟아 있는 새로운 쌍둥이 은행 건물이 눈에 들어왔다. 그러나 밖을 내다보는 것은 언제나 금방 싫증이 났고 그는 다시 자신의 사무실을 둘러봤다. 그 근방에서 그의 사무실은 정말 최고였다. 제일 큰 것은 아니었지만 제일 멋졌다. 이는 그의 왕국이었던 것이다.

데이빗은 텅 빈 로비를 지나 건물 밖으로 나간다. 그리고 눈에 띈택시를 잡는다. 그는 (기사가 자기 멋대로 가는 것을 싫어했으므로) 가는 길을 일일이 지시한 다음 휴대폰을 꺼낸다.

"지금 집에 가는 길이야, 알았지?··· 글쎄, 그냥 오븐에 넣어 놓지, 가서 당신 깨우지 않을게."

차가 집 앞에 도착하자 그는 자기 집을 올려다 본다. 주머니에서 잔돈을 찾는 지극히 짧은 동안이지만 그는 자신이 가진 모든 걸 다볼 수 있다. 큰 곡선을 이루며 휘어진 진입로에, 잘 손질된 잔디밭, 그리고 엄청나게 넓은 집. 그것은 그의 야망이었고, 그는 그것을 이룬 것이었다. 집에는 불이 다 꺼져 있었다.

그는 길가에서 차를 세워달라고 하고 집으로 들어가는 자갈길을 걷기 시작했다. 그래도 보안용 적외선 감지기만은 그를 반겨준다. 그는 보안등이 자신의 눈동자를 확인할 때까지 잠시 눈을 깜박였다. 그는 굳이 현관문을 조용히 열려고 애쓰지 않았다. 누군가가 안 자고

있어 집이 좀 살아있는 것 같은 기분을 주면 반가울 것 같았기 때문
이다. 그러나 그가 현관 홀에 들어설 때도 집은 여전히 어둡고 적막
했다. 무슨 이유인지는 모르지만 거기 그러고 서 있자니 깊고 걷잡을
수 없는 슬픔이 밀려왔다. 그는 사진을 가득 올려놓은 긴 골동품 서
랍장을 바라봤다. 이빨이 겨우 두 개 났을 때의 잭, 신부 들러리가 된
수지, 잭의 졸업식, 자신의 결혼식 모습들이 거기 들어 있었다.

밤에 오래된 집에 가만히 있다 보면 집은 말을 걸어온다. 오래된
나무가 삐걱대는 중에 집은 온갖 추억들을 풀어놓는 것이다. 데이빗
은 가만히 있어본 적이 없었다. 그는 한 순간도 뭔가 생각하기 위해
손 놓고 앉아 있어본 적이 없었다. 그러나 지금은 서서 눈을 감고 집
이 자신을 과거로 데려가도록 놔뒀다.

마음 속에서 데이빗은 채 9살도 안된 작은 소년이 자기에게 달려
오는 모습을 본다.

"아빠! 아빠! 나 축구팀에 들어갔어요, 나 축구팀에 들어갔어요."

그는 다음날 자신이 비가 억수같이 쏟아지는 속에서도 다른 아버
지들과 함께 축구 경기장 둘레에 서 있는 것을 본다. 모두가 다 갑자
기 진짜 축구 감독이라도 된 듯이 아들들에게 말도 안 되는 지시를 외
치고, 다른 아이들이 자기 아들에게 공을 패스해 주기만 하면 팀이 이
길 거라고 생각한다. 그는 경기 종료 휘슬이 울리는 소리를 듣고, 시
합이 끝나기 바로 2분 전에 결승 골을 넣은 잭이 기쁨에 가득찬 얼굴

로 경기장을 가로질러 자신에게 달려오는 것을 본다. 그는 아들의 어깨를 팔로 감싸며 말한다. "잭, 너 정말 잘했다. 마라도나 같더구나." 그들은 함께 웃으며 탈의실로 간다.

거기 자기 집 현관 홀에 서 있는 동안 그는 그 모든 장면들을 생생하게, 하나도 배놓지 않고 봤다.

그러나 이는 단지 상상일 뿐이었다. 그는 경기장에 간 적이 없었다. 진짜 현실이 어땠는지는 그 자신이 너무도 잘 기억하고 있었다. 밤 늦게 집에 오자 부인 메리는 입을 다문 채 말이 없다. 마침내 그가 묻는다.

"자, 말해봐, 무슨 일인지. 내가 뭘 잘못했다는 거야?"

"당신, 또 잊어버렸어요. 잭이 오늘 시합 있는 거 또 잊어버렸잖아요. 애한테 좀 올라가 보세요. 제 방에 있어요."

다른 건 몰라도 데이빗은 협상에는 천재였다. 그래서 자전거를 사준다고 약속하고, 다음 시합은 절대 놓치지 않겠다고 엄숙히 맹세하는 것으로 그는 금방 아들의 얼굴에 웃음이 되돌아오게 할 수 있었다. 잭을 데리고 웃으며 아래층으로 내려오던 것이 기억 났다. 그리고 "그것 봐, 별 일 아니지. 괜찮기만 하잖아" 하는 표정으로 메리를 바라봤던 것도. 그리고 그랬던 적이 너무 많았다는 것도 생각났다.

잭은 눈물을 참기 위해 눈을 깜박거렸다. 어느새 머레이 교수의

문 앞에 와 있었다. 노교수는 아무 말이 없이 그냥 커피를 만들고, 벽
난로에 불을 지피고, 파이프에 불을 붙였다. 그날 밤 두 사람은 별로
많은 이야기를 하지 않았다. 머레이 교수는 그냥 이미 이야기한 네
가지 법칙 옆에 다음 것을 추가했다.

다섯 번째 법칙

일보다 가정을 더 소중히 하라

일보다 가정을 더 소중히 하라

몇 년 전, 나는 『60분 아버지(The Sixty Minutes Father)』라는 책을 썼다. 내용 중 대부분은 내 아이들이 어렸을 때 내가 잘못했다고 생각한 일들을 바탕으로 한 것이었다. 다행히 아이들이 아직 어렸기 때문에 나는 잘못을 만회할 기회가 있었다. 이는 아버지들에게 '성공'을 쫓느라고 아이들이 자라는 모습을 놓치지 말도록 촉구하기 위한 책이었다. 나는 여러 저명한 재계 지도자들에게 원고를 보내고 그들이 과연 답장을 보내거나 할지 숨을 죽이고 기다렸다. 제일 먼저 답을 보낸 사람은 존 하비-존스(John Harvey-Jones) 경으로 다음은 그가 보낸 서신 중 일부이다.

"일에서 성공하면서 동시에 가장 중요한 성공 즉, 좋은 아버지가 되고 또 가족들과의 친밀한 관계를 통하여 맛볼 수 있는 기쁨과 또 다른 차원의 세계를 누리는 사람들은 극히 드뭅니다."

두 번째 답장은 퀵 휘트 홀딩스(Kwik Fit Holdings) 회장 겸 최고경영인인 탐 파머(Tom Farmer)경으로부터 왔다. 역시 서신의

일부를 소개하겠다.

"너무 많은 경우에 사업에 열심인 사람들은 가장 중요한 자산 즉, 가족을 상실할 위험이 있습니다."

나는 이들 바쁜 사업가들이 내 책을 위해 시간과 노력을 기꺼이 내준 데 대해 무한히 감사하게 여긴다. 또 내가 전하고자 하는 말의 골자를 그렇게 간략한 글로 요약해 준 데 대해서도 고맙게 생각한다. 간단히 말해, 다른 사람들이 보기에 '성공적'인 많은 사람들이 자기들 인생의 가장 중요한 부분에서 뭔가 잃고 있다고 느끼고 있는 것이다. 다시 말해, 자산 가치에 대해 그렇게 잘 알고 있는 우리가 탐 파머 말대로 "우리의 가장 중요한 자산을 상실"한다면 어떻게 스스로를 성공했다고 말할 수 있을 것인가?

나는 알면서 그러는 사람은 거의 없을 거라고 믿는다. 내 아이들이 어렸을 때 생각이 난다. 당시 나는 사업을 키우느라 바빴다. 그것 자체가 잘못된 것은 아니지만 문제는 내가 거기에만 매달렸다는 점이었다. 아이들이 "아빠, 내가 이거 읽는 거 들어볼래요?"

하면 "그럼 그래야지, 그런데 나중에 해도 될까?"라고 대답했던 것이 기억 난다. "나중에" 하려고 했지 아예 안 하려고 한 것은 아니었다. 아이들이 더 이상 그런 부탁을 하지 않게 될 날이 오리라는 것을 무슨 수로 알았을 것인가? 스스로에게 약속한 '좀 한가한 날', 내게 가장 중요한 일들을 할 수 있는 시간 여유가 있는 날들이 결코 오지 않으리라는 것을 왜 아무도 내게 알려주지 않았을까?

나는 멍청한 사람도 아니었고 누가 말만 해줬으면 아마 이해했을 것이다. 그런데도 아이들에게 내가 어릴 때 갖지 못했던 것을 준다는 명목으로 내가 가졌던 것조차 줄 시간이 없을 정도로 일만 한다면 다 헛된 일이라는 사실을 왜 아무도 지적해 준 사람이 없었을까? 어린 시절은 그렇게 금방 또 영원히 마감된다는 사실을 내게 경고해주는 사람이 어떻게 주위에 아무도 없었을까?

당시에는 집에서도 걸려오는 전화를 피할 길이 없었다. 전화는 식사 중에도 울리고 아이들 잠자리에서 동화책을 읽어주고 있을 때도 울려댔다. 그 중 대다수는 일과 관계된 것이었다. 전화를 건 사람들은 대개 "미안합니다. 절대 집으로 전화하는 편이 아닙니다만"이라는 말로 시작해 전화 건 상대가 누구인지 가늠하기 힘들게 만들었다. 또 바로 다음에 하는 말들은 늘 "몇 분밖에 안 걸릴

것"이라는 소리였다. 그러나 누군가가 그렇게 말하고 있으면 이는 거짓말이다. 그런 전화는 최소한 10분 이상이 걸리게 되어 있다. 게다가 더 유감스러운 것은, 전화를 끝내고 하던 일로 돌아가 보면 동화책 읽는 것을 듣고 있던 아이는 이미 잠들어 버리고, 먹고 있던 저녁은 이미 개밥이 되어 있다는 사실이다.

그러나 지금은 옛일을 되돌아볼 수 있는 지혜가 있다. 나는 이미 20년 동안 일을 해오고 있으며 사업을 키웠다. 나는 컨설턴트로 수많은 회사들에 초빙되고, 책을 일곱 권이나 쓰고, 전세계를 돌며 강연을 하는 특별한 기회를 누렸다. 그러다 보니 나는 일과 관련하여 수천 건의 전화를 받았다. 전화를 건 사람들은 많은 경우에 '급한' 용건이라고 했다. 그런데 이상한 일은 아이가 잠들기 전에 동화책을 읽어주는 10분간을 못 기다릴 정도로 정말 중요했던 용건은 단 하나도 기억할 수 없다는 점이다.

당시 누군가가 내게 "내 성공의 비결이 무엇인지" 물었던 기억이 난다. 나는 우물대다가 노력과 운이 따랐기 때문이라는 뻔한 답을 했다. 그러나 탐 파머의 말이 맞다면 나는 가장 중요한 자산을 잃을 위험에 빠져 있었던 셈이니 그 질문은 오히려 잔인한 농담이었다. 자신의 가장 큰 자산을 잃은 사람이 어떻게 성공했다고

할 수 있다는 말인가?

그때 이후로 나는 많은 '성공한' 남녀들을 만났고 내가 보기에는 우리가 그들에 대해 잘못 말하고 있는 것 같다. 우리는 '성공'이라고 말할 것이 아니라 '그만큼 성취한 비결이 무엇이냐?'고 물어야 한다. 그런 사람들 중 많은 수는 살면서 거의 평화를 누리지 못하고 있다. 그들의 몸은 망가지고 있다. 자주 두통을 겪고 있으며, 휴가 때면 병이 나고, 사람들을 상대하는 것이 점점 더 짜증스러워지고 있다. 그들은 밤에 잠을 잘 못자며 신경안정제를 상습적으로 사용하게 되어 버렸다. 그들은 가족에게 할애할 시간이 거의 없다. 그들에게는 "그만큼 성취한 비결이 무엇이냐?"고 물어야 하며 아마 "내 건강을 해치고, 내게 가장 중요한 일을 20년간 뒤로 미룬 덕분"이라고 하는 것이 맞는 대답일 것이다.

우리는 성공을 흔히 우리가 소유한 재산 정도에 따라 평가하는 사회에 살고 있다. 어떤 집에 살며, 어떤 차를 몰며, 휴가 때는 어디에 갈 수 있는지 등이 성공의 척도가 되는 것이다. 그러나 우리는 갖고 있는 재산의 가치에 대해서만 따질 게 아니라 그것들을 얻기 위해 치른 대가 즉, 그것들을 위해 얼마나 더 많은 시간을 일해야 하는지를 물어야 한다.

　한 캐나다 사업가는 자기가 일을 너무 많이 하는 것은 사실이지만, 좀 덜 바쁘더라도 보수가 적은 일로 바꾸는 것은 고려조차 할 수 없다고 했다. 돈 들어가는 일들이 너무 많다는 것이었다. 그 중에는 산 속에 있는 주말 별장도 들어 있었다. 그에게 별장을 많이 사용하냐고 물어봤다. 그의 대답은 이랬다.

　"글쎄요, 솔직히 말해 많이 쓰는 편은 아니지요. 별장은 세 시간 정도 걸리는 거리에 있습니다. 금요일에는 일찍 퇴근하려고 애를 쓰지만 그래도 밴쿠버의 교통 혼잡에 시달리다 보면 밤 10시나 되어야 그곳에 도착할 수 있어요. 토요일에는 대개 손봐야 될 일들이 있어 필요한 물건들을 사러 부근 마을까지 차를 타고 나갔다 와야 해요. 일요일에 집에 올 때는 교통혼잡을 피하기 위해 보통 오후 일찍 출발합니다."

　그는 아무튼 그 별장이 필요하긴 하다. 그걸 소유하기 위해 자기가 치르고 있는 온갖 대가를 깨닫게 되면 남들이 못 듣게 비명을 지를 장소가 필요할 것이기 때문이다.

　약 5년 전, 아주 부유한 은행가가 런던의 돌체스터 호텔에서 만나자고 한 적이 있다. 약속 시간은 오후 5시였다. 그러나 5시 30분

이 될 때까지도 그의 모습은 나타나지 않고 대신 호텔 직원이 와서 그가 좀 늦는다는 사과의 말을 전했다. 그리고 나중에 그가 와서 낼 테니 차와 케익을 먼저 시켜 먹으라고 했다. 그곳의 케익 값은 보통보다 비쌌다. 나는 네 개를 골라 주문했다. 그리고 또 20분이 지났고, 그들은 나보고 케익을 더 시키라고 했지만 나는 정중히 사양했다.

5시 50분이 되서야 약속한 사람이 얼굴이 상기되고 미안해 죽겠다는 표정으로 도착했다. 그가 처음 꺼낸 말은 이런 것이었다.

"시내에서 정말 큰 인수건을 처리하느라 늦었습니다. 죄송합니다. 자, 케익 좀 드시지요?"

케익은 이미 물릴 정도로 먹은 터였다.

"아닙니다. 여기 직원들이 다 잘해줘서 벌써 먹었습니다. 그런데 죄송합니다만 다음 약속 시간에 벌써 좀 늦어서요. 저희는 다음에 다시 만나야 할 것 같군요."

"아, 그러면 잠깐이라도 같이 얘기 좀 하지요. 밖에 차가 있으니 약속 장소로 모셔다 드리겠습니다."

그는 정말 밖에 차를 세워놓고 있었다. 실제로 그의 리무진 차

는 호텔 앞의 공간을 거의 다 차지한 채 서 있었다. 우리는 가죽으로 된 차 뒷좌석에 몸을 파묻고 앉았다. 내가 누구 아는 사람이라도 지나가다 내 모습을 봐줬으면 하고 주위를 두리번거리는 사이에 그 은행가는 기사에게 출발하라고 했다.

그는 뭔가 심기가 불편한 것 같았다. 나는 그가 전혀 평화롭게 살지 못하는 사람임을 눈치챌 수 있었다. 그는 여전히 인수건에 대해 생각하고 있었는지 갑자기 내게 몸을 돌리며 말했다.

"요즘 데리고 일하는 젊은 직원들은 대개가 성공하지 못할 겁니다."

"제가 걱정되는 것은 오히려 성공하는 사람들인데요." 내가 대답했다.

"그게 무슨 뜻입니까?" 그는 몸을 돌려 나를 바라봤다.

"글쎄요. 만약 돈을 최대한 많이 모으는 것이 목표라 하더라도 아무튼 그 돈을 쓸 시간도 필요하니까요."

"우리 직원들에게 그런 이야기를 하실 겁니까?" 그가 반박했다.

"그 사람들이 언제 가서야 내 말을 믿을지 말씀 드리지요. 65살쯤 되고, 정상에 올라서야 믿을 겁니다. 갑자기 주위를 둘러보고

이렇게 자문하게 되겠지요. '이게 다란 말인가? 내가 40년 인생을 바친 게 고작 이거란 말인가?' 그 동안 아이들이 성장하는 것도 못 보고, 정한 친구라고 부를만한 사람들도 없고, 몸은 망가져 있는 거지요. 그때 가면 내 말을 믿을 겁니다."

차는 어느새 내 약속 장소에 닿았고 나는 헤어지며 그와 악수를 했다. 차에서 내리다가 그를 돌아다 봤는데 우울해 보였다. 차문이 닫히고 차가 어느 정도 멀어졌는데 갑자기 그가 창문 유리를 내리고 외쳤다.

"우리 다시 만날 수 있겠습니까?"

"물론입니다. 전화하세요." 나도 그를 향해 외쳤다.

나는 그의 리무진 차가 켄싱턴 하이 거리의 차량 행렬을 가르며 그를 다음 거래 장소로 데려가는 것을 바라봤다. 지나가던 쇼핑객들이 그 검게 도색 처리한 차창 안에 앉아 있는 사람이 누구인지 궁금해 하며 바라보는 것이 눈에 들어왔다. 어떤 사람들은 부러운 눈초리였다. 그리고 차는 런던 도심의 차량 물결 속에 파묻혀 사라졌다. 그 이후로 나는 그를 다시 만나지 못했다.

　그 은행가 생각을 하다 보니 또 다른 사람이 떠오른다. 성공했
고, 권력도 있었지만 가족이나 친구들을 위해 보낼 시간이 전혀
없던 남자였다. 그는 모든 것을 일에 바쳤다. 또 나름대로 보상도
있었다. 그가 호수가 내려다보이는 건물 구석의 자기 사무실 앞
복도를 지나갈 때면 신참 간부들은 정말 절까지 했다. 그는 봉건
시대의 영주 같았다. 그의 파일 캐비닛에는 그가 정복한 것들이
들어 있었고, 사무실 문을 조금 열어놓기만 하면 그가 무슨 변덕
을 부리든 그의 비위를 맞추기 위해 부하 직원들이 달려왔다.

　생일이라는 지극히 단순한 사건이 그 모든 것을 그로부터 빼앗
아가리라고 누가 상상이나 할 수 있었을 것인가? 하지만 그렇게
되었다. 그 일이 있었을 때 나도 그곳에 있었다. 60살이 되던 날,
그는 갑자기 200여 명의 직원에 둘러싸여 있었고 바로 밑에 있던
간부가 말했다.

　"빌, 그만두시고 나면 저희가 섭섭할 거예요. 20년 동안 이 회
사에서 저희를 격려해 주셨는데…"

　그의 이야기가 이어지고 있는 동안 빌이 자기 왼쪽을 바라보니
자기 사무실 문에 붙어 있던 그의 이름 팻말은 어느새 사라지고
근처 테이블에 새로 만든 팻말이 놓여 있었다.

"그리고, 빌, 우리들의 작은 선물을 드리고 싶어요."

누군가가 그의 손에 쥐어준 선물은 아이러니하게도 시계였다.

그날 빌의 이임 파티에 마지막까지 남았던 사람들은 빌이 제일 나중에 사무실을 떠났다고 했다. 그는 사무실을 마지막으로 한 번 둘러보고, 손수 불을 다 끄고 나갔다는 것이다. 밖은 어둡고 비가 내리고 있었다. 그는 레인 코트의 깃을 세우고 시계를 가슴에 꼭 끌어안은 채 떠나갔다.

하지만 이야기는 거기서 끝난 것이 아니었다. 그 후 3개월 동안 사람들은 가끔 빌이 출근할 때처럼 옷을 갖춰 입고 옛날 자기 사무실 앞 쪽 보도를 왔다갔다하는 것을 보았다. 그는 자기가 누구였는지를 기억하는 사람들을 만나고 싶었던 것이다.

나는 매일 자신들이 감히 꿈꾸지도 못했던 것까지 성취한 성공한 남녀들을 만난다. 남들이 본받고 싶어하는 사람들이지만 그래도 그들은 가진 것을 전부 다 내놓더라도 자기들의 과거를 되돌릴 수만 있었으면 하고 바란다. 도대체 무엇이 그렇게 후회스러운 것일까? 더 능력 있는 세일즈맨이 못 된 것, 학술 논문이 더 큰 찬사를 받지 못한 것, 아니면 출세를 위해 더 애쓰지 못한 것? 그런 경

우는 거의 없다. 그게 아니다. 그들이 후회하는 것은 거의 언제나 인간관계 쪽에 있다.

몇 년 전, 큰 금융기관으로부터 가정과 일을 조화시키는 문제에 대해 이야기해달라는 요청을 받았다. 그날, 지난해의 실적을 검토하고 새해 목표를 세우기 위해 고위 간부들과 영업부서 직원들은 모두 모여 있었다. 나는 마지막 연사였다. 우선 나는 그들의 성공적인 실적을 치하한 다음, 그런 성과를 거두기 위해서는 분명 누군가가 오래 일을 하고 또 많은 희생을 치렀을 것이라고 말했다.

그러나 그 다음 나는 일이 중요한 것은 사실이지만 사람들이 나이가 들게 되면 정말 성공하고 싶어하는 부분은 인간관계라는 점을 그들 성공적인 직장인들은 잊지 말아야 한다고 역설했다. 또 그들에게 자녀가 있다면 아이들이 모르는 사이에 벌써 다 자라 집을 떠나게 될 것이라고 경고했다. 이야기를 하며 나는 늘 그렇듯이 젊은이들은 별로 믿어지지 않는다는 얼굴을 하고 있는 반면 드문드문 흰머리가 나고 있는 사람들은 알고 있다는 듯 고개를 끄덕이고 있는 것을 보았다. 나는 말을 계속했다.

"여러분 아이들이 자기들 학교 연극을 보러 오라고 하고, 연 날리는 법을 가르쳐달라 하고, 자기들 이야기를 하고 또 들어주기를

바라는 시절은 극히 짧습니다. 시간은 달음박질을 쳐 14살 짜리 아들한테 주말에 낚시질 가자고 하면 '안 가면 안 될까요, 아빠? 친구들하고 나가기로 했는데요"라고 말할 날이 금방 올 겁니다."

나는 어느날 내가 해본 간단한 산수 계산이 나의 인생을 바꾸게 됐다는 이야기를 했다. 나는 내 아이들이 18살이 될 때까지의 날 수를 계산해 보았다. 6,575일이었다. 어떤 성공, 돈, 명예도 우리에게 그 날을 하루라도 더 늘려줄 수 없다. 만약 아이가 10살이라면 이제 2,922일이 남은 셈이다. 그래서 나는 그들에게 말했다.

"나도 현대 직장생활의 압박을 누구보다도 잘 알고 있습니다. 하지만 여러분 자녀들의 그 시절은 다른 그 무엇하고도 바꿀 수 없습니다. 가능한 한 그 시간들을 놓치지 않도록 하십시오."

내가 말을 끝내자 한 60살 정도 된 그 회사 회장이 자리에서 일어나 나와 고맙다는 인사말을 했다. 그는 말을 하기가 힘든 것 같았지만 아무튼 어떻게 말을 끝내고 다시 단상에 있는 내 자리 옆으로 돌아와 앉았다. 그리고 그 때 나는 그의 눈에 눈물이 가득 고여있는 것을 보았다. 거기 모여 있는 사람들이 우리를 빤히 볼 수

있었기 때문에 나는 가능한 한 눈에 띄지 않도록 조심하며 그에게 괜찮으냐고 물어봤다. 그는 나를 바라보며 말했다.

"괜찮아요. 그냥 말씀하신 게 아주 감동적이라서요. 어느 날 5일간 해외출장을 갔다가 집에 돌아왔을 때였습니다. 14살 된 아들한테 아빠가 보고 싶었냐고 물었더니 이렇게 대답하더군요. '아니요, 아빠, 어차피 집에 있을 때가 없잖아요.' 제일 슬펐던 게 뭔지 아세요? 그 때 아들은 빈정대고 있었던 게 아닙니다. 그냥 우리 생활 방식에 대해 있는 그대로 이야기한 것 뿐이었지요."

나는 손을 뻗어 그의 어깨를 쓰다듬으며 말했다. "이제라도 늦지 않았습니다." 그러나 이는 그냥 좋게 하느라고 한 말이었을 뿐 정말 솔직한 것은 아니었다. 그 회장이 그때부터라도 아들과 좋은 관계를 만들 수 있기는 했지만 그들 부자가 이미 지나가버린 세월을 되돌릴 수는 없다는 것이 사실이었다. 아마 당시에는 아들의 축구 경기장 옆에 서 있을 수 있는 기회가 영원할 것으로 생각했고, 그래서 "얘야, 다음 번에 갈게… 그 때는 꼭 갈게"라고 말할 때 그로서는 진심이었다. 단지 문제는 늘 만들어야 할 사업 계획이 있고, 회계사 이야기를 들어야 하고, 수백 명의 사람들이 그에게 시간을 내달라고 요구하고 있다는 것이었다. 그러나 그의 아들은

요구하지 않았다. 그냥 부탁하다가, 어느날부터인가 부탁하는 것
조차 그만뒀다.

우리는 도대체 무엇 때문에 그렇게 사는 것일까? 돈과 권력이
아무리 많이 생긴다 해도 어떻게 생활수준만 높지 삶의 질은 형편
없는 그런 인생을 살도록 유혹 받을 수 있단 말인가? 그에 대한 답
은 입맛을 쓰게 한다. 우리를 몰아대는 것은 경쟁이라는 환상이
다. 이 환상을 이해하기 위해 현실적인 예를 들겠다.

올림픽 마라톤 선수는 새벽 5시면 일어나 어둠과 냉기를 참으
며 달리는 연습을 한다. 이는 가족이나 친구와 함께 지내고, 스스
로 즐길 시간을 희생해야 하는 것을 의미한다. 왜냐하면 당장은
마라톤 경주가 인생의 전부가 되기 때문이다. 자신의 꿈, 메달 획
득 가능성에 자신을 온전히 바치는 것이다. 거리를 달리며 그는
자신이 시상대에 올라 자기나라 국가가 울려퍼지는 가운데 메달
을 높이 들어올리는 순간을 꿈꾼다.

이제 믿기 힘든 일을 상상해 보자. 그 훈련 기간이 40년이라고
상상해 보라. 목표 달성을 위해 40년 동안 희생하고 헌신하는 것
이다. 그러나 마지막 순간에 경기 진행요원이 와서 이렇게 말한다

고 생각해 보라.

"상 같은 것은 없습니다. 메달도 없어요. 시상대 행사는 착각이었습니다."

나중에 상을 준다는 약속도 안 하고, 늘 조금만 가면 그 상을 받을 수 있다는 환상 같은 것을 주지 않으면서도 건실하고 성공적인 회사를 키울 수 있을까? 직업인으로 성공하면서 동시에 인간답게 사는 것이 가능할까? 그렇다, 가능하다. 난, 우리가 생각할 수도 없던 일 즉, 우리의 상은 미래에 있지 않고 현재에 있다는 것을 인정할 때에만 가능하다. 그 외에는 "언젠가 시간이 좀더 많아지겠지" 아니면 "퇴직 보상금이 꽤 괜찮겠지"라는 어리석은 생각에서 벗어날 수가 없다. 젊은 사람들은 점점 더 내일에 모든 것을 거는 것이 무의미하다고 생각하며 그런 믿음을 거부하고 있다. 그들은 "우리에게 오늘을 살 수 있게 해주는 회사를 위해 일하고 싶다"고 말한다. 그들은 재능이 떨어지거나, 덜 성실하거나, 필요할 때조차도 오래 일하는 것을 꺼리는 것일까? 그렇지 않다. 그들은 단지 "나중에 모든 것을 보상해 준다는 약속으로 내가 40년 동안 그런 방식으로 살게 만들 생각은 말라"고 하는 것일 뿐이다.

　경영연구소가 발표한 '직업생활의 질'에 관련된 보고서는 점점 더 많은 젊은 세대 기업체 간부들이 지나치게 긴 근무시간을 받아들이지 않고 있음을 보여주고 있다. 〈파이낸셜 타임스〉는 이 연구보고서에 대한 논평에서 이렇게 언급했다. "젊은 세대들이 아직 장시간 근무 문화를 신봉하지 않을 뿐 앞으로 그렇게 될 수도 있다. 하지만 이들이 그 문화에 굴복하지 않는다면 그들은 변화를 일으키는 원동력이 될 수도 있다."

　회계사 전문 잡지인 〈회계시대(Accountancy Age)〉지의 기사에 따르면 개업한 여자 회계사들은 혹시라도 고객에게 아이들을 데리러 가야 한다고 말하면 고객이 자기를 신통치 않게 여기는 것 같은 느낌을 받는다고 한다. 그래서 이들은 많은 경우에 3시 30분에 미팅이 있는 척해야 해야 한다고 한다. 한 개업한 여성 세무사는 "우리는 스스로에 대해 당당해야 한다"고 주장했다. 그녀는 직장일 외에 다른 할 일이 있다고 해서 2류가 되는 것은 아니라며, 집안 일도 돌봐야 하는데 긴 근무 시간을 요구하는 남성 위주의 직장 문화가 문제를 더 악화시킬 수 있다고 말했다.

최근 영국 40대 법률회사의 파트너, 변호사, 인사담당 책임자 등 100명 이상을 상대로 실시한 설문조사에 따르면 여자 변호사의 40%는 스트레스와 긴 근무시간 등의 이유를 들어 파트너가 되라는 제의를 거절하고 있다고 한다. 여성 파트너 중 86%는 현재의 직업에 만족하지 못하고 있다고 말했고 뭔가 다른 근로 구조에 대한 강한 기대를 나타냈다. 인사 담당자들이 고려하고 있는 대체 근로 구조 중에서는 변형 근로제 혹은 신축석인 근로시간을 정식 승인하는 방식이 가장 인기가 있었다. 여성변호사회 회장인 앤시아 그레인저는 이와 같은 직업에 대한 불만은 "회사들로 하여금 사람들이 남아있게 하려면 현 근로 관행을 조정해야 한다는 점을 깨닫게 만들 것"이라고 말했다. 또 다른 설문조사에서는 회사가 "일 외에도 충만한 생활을 할 기회를 준다"고 동의한 사람이 응답자 중 반을 약간 넘는 정도였다.

나는 이제 새로운 스타일의 리더들이 나오고 있다고 믿는다. 그들은 가장 똑똑하고 창조적인 사람들은 사무실 밖의 생활도 필요하다는 사실을 분명히 알고 있다. 그뿐 아니라 자기 자신들도 가끔 그런 여유를 누리고 싶어한다. 간단히 말해, 이들의 요지는 이

렇다. "지금 나한테 시간을 줘서, 나중에 줄 상을 미리 즐기게 해달라. 그리고 60살이 되면 나한테 줄 시계는 당신들이 가져도 된다."

이 책을 반 정도 썼을 때 내 친구 중 하나가 케빈 카이저(Kevin Kaiser)가 여는 세미나에 참석했다. 카이저는 프랑스에 있는 국제경영대학원 INSEAD의 재정학 조교수를 역임한 사람이다. 그는 여러 MBA, 박사 코스 외에도 유럽 전역에서 다국적 기업과 투자은행들을 위한 세미나를 개최했었다. 내 친구는 카이저가 아주 대단한 사람이라고 말했다. 세미나는 재정학계에서 가장 명석한 두뇌 중 한 사람이 자신이 보는 추세, 함정, 기회 등에 대해 이야기하는 자리였다.

그러나 내 친구가 정말 깊은 인상을 받은 것은 카이저의 재정학 모델이 아니라 그가 말한 자신의 인생에 대한 소박한 이야기였다. 나는 그를 꼭 만나야겠다고 결심하고 파리에 있는 그를 찾아갔다. 그때 그는 유럽 재정학 전문가들을 위한 커뮤니티 웹 사이트 구축을 맡고 있던 bfinance.com이라는 회사의 상품개발 담당 부사장이었다. 그는 내게 자기 이야기를 해줬다.

　INSEAD 교수일 당시 아이 둘을 둔 가장이었던 카이저는 미국 시카고에 있는 노스웨스턴 대학 객원교수직을 맡게 됐다. 거기 가 있던 어느 날 그는 이메일 메시지를 받았다. 간단히 말해, 결혼생활이 끝장났음을 알리는 것이었다. 그의 세상은 무너져버렸지만 사는 일은 더욱 더 복잡해지고 있었다. 투자은행인 골드만 삭스가 그를 영입하려고 했다. 그를 스카우트한 골드만 삭스 파트너는 이렇게 말했다. "케빈, 당신은 훌륭한 투사은행가가 될 자질을 갖고 있어요. 그리고 골드만 삭스보다 더 나은 생활을 즐길 수 있는 데는 없습니다." 그들이 제시한 조건은 정말 도저히 거절할 수 없을 정도로 매혹적이었다. 그로부터 4주 안에 골드만 삭스의 경쟁사인 모건 스탠리도 같은 조건으로 맞춰 주겠다고 나섰다. 카이저를 영입하기 위한 경쟁이 시작된 것이었다.

　그는 두 회사의 제안을 모두 거절하고 이제라도 가정을 구할 수 있는지 알아보기 위해 파리로 돌아가고 싶다고 말했다. 그러나 이미 그건 불가능한 일이 된 것 같았다.

　카이저는 이제 새 출발을 할 때라고 결심하고 투자은행 중 하나에서 일하기로 마음을 정했다. 그리고 그의 말에 일하면 '더럽게

돈을 많이 주는' 두 은행 중 어디를 골라야 할지 고심하고 있을 때
이번에는 다국적 경영자문회사인 맥킨지가 등장했다. 그들은 자
기 회사의 최고위층 간부로 『가치 평가』라는 책의 공동집필자이
기도 한 팀 콜러(Tim Koller)를 내세워 그에게 접근했다. 콜러는
만나서 맥킨지에 합류하는 것을 의논해 보자고 했다.

　카이저는 그러나 별 흥미가 없었다. 맥킨지를 가볍게 봐서 그런
것은 아니었다. 그는 맥킨지 컨설턴트들을 이미 수백 명 교육시킨
경험이 있었고 그들이 내세우는 가치관을 잘 알고 있었다. 단지
학교에서 기업세계로 옮기는 것이라면 무엇 때문에 보수가 투자
은행의 반밖에 안 되는 곳을 갈 필요는 없다는 것이 그의 생각이
었다. 그는 만나자는 제안을 거절했다. 그것도 다섯 번씩이나. 그
러다가 암스텔담에서 강의를 할 기회가 있었는데 마침 그때 콜러
도 그곳에 있다는 것을 알게 되었다. 그래서 카이저는 그에게 전
화를 걸어 수요일 저녁에 만나자고 했다.

　카이저는 이제 금융계에서 가장 중요한 회사들이 자신에게 쏟
는 관심에 익숙해져 있던 터였다. 그래서 당시 콜러의 반응이 정
말 이해할 수 없었다. 콜러는 미안하다며 자기도 카이저를 정말
만나고 싶지만 수요일 저녁에는 시간을 낼 수 없다고 했다. 자기

가 바로 다음날 해외 출장을 가기 때문에 앞으로 얼마 동안 그날이 가족들과 함께 저녁식사를 할 수 있는 유일한 기회였고 그래서 무슨 일이 있어도 빠지지 않겠다고 약속했다는 것이었다.

카이저는 이렇게 말했다. "나는 정말 어안이 벙벙했습니다. 많은 회사에서 그런 말을 하기는커녕 생각만 해도 해고됐을 것입니다. 나는 바로 그때 그 회사 사람들이 내가 만나고 싶어하는 사람들이라는 것을 알았습니다." 그들은 목요일 아침에 만났다.

그래서 이들은 암스텔담 앰버서더 호텔에서 크로와상과 커피를 앞에 놓고 금융/경영자문 업계에서 가장 보기 드문 거래를 하게 됐다. 맥킨지는 투자은행들이 제시하는 보수의 반밖에 주지 않음에도 불구하고 카이저는 가기로 한 것이다. 그러나 아주 특별한 조건이 있었다. 카이저는 두 아이를 2주일에 한 번 주말에만 만날 수 있었기 때문에 콜러에게 미리 이렇게 말했다. "아이들을 만나는 그 주말에는 내가 전날 어디 있었던 간에 금요일 오후 4시까지는 파리에 돌아올 수 있게 해줘야 하고, 아무도 나를 방해하지 말아야 합니다. 일요일 저녁 8시까지는 전화도 하지 말고, 내게 어떤 일도 시켜서는 안 됩니다. 다른 때에는 회사를 위해 하루 24시간을 일할 수도 있고, 밥 먹을 시간이 없을 정도로 바빠도 좋습니다

만 아이들과 지내는 그 시간만은 내게 온전히 내줘야 합니다. 내게는 그게 중요해요." 콜러는 그러겠다고 동의했다.

계약서를 준비하는 데는 채 한 달도 안 걸렸다. 그리고 계약서에 사인을 하기 전에 골드만 삭스 파트너가 카이저를 다시 만나자고 했다. 그는 계속해서 카이저의 마음을 바꿔보려고 노력했다. 한번은 카이저가 이렇게 말했다. "좋아요. 그 회사에 가지요. 하지만 똑같은 조건이어야 해요. 2주일에 한 번 주말은 아이들과 집에서 지내야 하고 그 짧은 기간 동안은 아무도 나를 건드릴 수 없습니다."

그러자 파트너는 이렇게 대꾸했다. "케빈, 내가 그렇게 할 수 없다는 것을 알고 있잖아요. 지금 큰 실수하고 있는 겁니다."

카이저는 맥킨지에서 2년 반을 일했고, 2주에 한 번 주말은 반드시 집에 있었으며 일요일 저녁 8시까지는 전화도 울리지 않았다.

이는 아주 특별한 경우이지만 정말 흥미로운 이야기였다. 등장하는 인물들의 인상도 강렬했다. 대형 투자은행, 젊은 교수, 국제적 컨설턴트. 그러나 그 이야기의 핵심은 스스로에게 이렇게 다짐

하는 남자에 있다. "내가 아이들을 볼 수 있는 시간은 한 달에 주말 두 번으로 지극히 제한되어 있어. 내 성공이라는 것이 그 애들과 의미 있는 시간을 보내는 것 조차 해줄 수 없다면 돈을 아무리 많이 준다 해도 그에 대한 보상이 될 수 없지. 그 조건이 아니라면 절대 성공으로 보지 않겠어."

몇 년 전, 100명 정도 되는 남녀 재계 인사들에게 강연을 하고 있었다. 강연 중간쯤 되어 방금 소개한 이야기를 하고 있을 때였다. 갑자기 강당 중간에 앉아있던 남자가 이렇게 외치며 내 말을 막았다. "내가 돈을 많이 버는 것은 사실입니다만 아이들을 위해 그러는 겁니다." 그 말을 듣자 이미 전에도 사용한 적이 있는 적절한 예가 떠올랐다.

그에게 막내의 이름과 나이를 묻자 이름은 벤이고 2살이라고 했다. 그 다음 나는 그에게 폭이 겨우 10cm쯤 되는 긴 건축용 철기둥이 있다고 상상해 보라고 했다. "자, 이제 그것을 파크 레인 거리에 놓아봅시다. 바닥에 그대로 놓아 아주 안전하지요. 그 기둥 한쪽에는 벤과 내가 있고 다른 쪽에는 선생님이 있다고 합시다. 50 파운드를 준다고 하면 우리 쪽으로 걸어오시겠습니까?"

그는 좀 뜻밖이라는 표정이었으나 그래도 그러겠다고 했다.

"자 이제 그 기둥을 헬리콥터로 옮겨 나이아가라 폭포의 말발굽 모양 부분에 걸쳐놓는다고 합시다."

그는 이미 나이아가라 폭포에 가본 적이 있었지만 그래도 나는 그에게 폭포 높이가 500여 미터나 되고 670여 미터에 이르는 절벽 가장자리를 통해 초당 60만 갤런의 물이 쏟아져 내린다는 점을 상기시켰다. "선생님은 한쪽에 있고 벤과 나는 다른 쪽에 있다고 합시다. 비가 내리고 바람까지 불고 있어 철판은 실제로 약간 흔들리기까지 하고 있습니다. 우리 밑에는 폭포수가 우레 같은 소리를 내며 쏟아져 내리고 있습니다."

그의 얼굴 표정이 바뀌는 것 같았다.

"그래도 50파운드 받고 그 기둥을 건너오시겠습니까?" 그는 당연하다는 듯이 안 한다고 했다.

"천 파운드에는 하시겠습니까?"

"아니요."

"백만 파운드에는요?"

"안 해요!"

나는 돈을 천만 파운드까지 올렸지만 그는 그래도 안 하겠다고
했다. 그런 다음 내가 말했다. "자, 그럼 이제 갑자기 물보라 사이
로 벤이 그 기둥 위를 4, 5미터 정도 기어오다가 무서워서 그 자리
에서 꼼짝 못하고 있는 것이 보인다고 상상해봅시다. 아이는 비명
을 지르고 있습니다."

그는 전혀 망설일 틈도 없었다. 우리는 힐튼 호텔 볼룸 한가운
데서 줄무늬 양복을 차려 입은 회사 진무가 외치는 소리를 들었
다. "그럼, 갑니다!"

"바로 그 순간을 잊지 마십시오. 이 지구상에 있는 무엇보다도 아이를 귀중하게 여기고 있지 않습니까? '성공' 하느라 바빠서 아이가 자라는 과정을 못 보고 지나가지 마십시오."

세미나가 끝난 다음 그는 내게 다가와 말했다. "저를 일깨우는 불을 밝혀주셨습니다."

여기 또 다른 예가 있다.

한 미국인 사업가가 멕시코 바닷가의 작은 어촌 방파제에 있다가 어부 혼자 타고 있는 작은 배가 도착하는 것을 보았다. 배 안에는 노란 지느러미 참치가 몇 마리 들어 있었다. 그 미국인 사업가는 생선들이 좋다고 칭찬을 한 다음 그것들을 잡는 데 시간이 얼마나 걸렸느냐고 물었다.

그 멕시코 어부는 얼마 안 걸렸다고 대답했다. 그러자 미국인 사업가는 왜 바다에서 시간을 더 보내며 고기를 더 잡지 않았느냐고 물었다. 어부는 그 정도면 가족들이 당장 필요한 것은 충족시

킬 수 있다고 답했다.

그러자 미국인 사업가가 다시 물었다. "그러면 남는 시간은 뭘 합니까?"

어부가 대답했다. "아이들과 놀고, 아내인 마리아와 낮잠도 자고, 저녁 때면 마을로 나가 와인도 홀짝이고 친구들과 기타도 치고 그럽니다. 저는 아주 충만하고 바쁜 생활을 하고 있습니다, 선생님."

미국인 사업가는 미소를 지으며 말했다. "나는 하버드 MBA 출신입니다. 경영학 학위이지요. 내가 조언을 좀 해주지요. 바다에서 물고기 잡는 데 시간을 좀 더 쓰세요. 그리고 거기서 나온 돈으로 더 큰 배를 사고, 그 큰 배로 번 돈으로 배를 여러 척 사서 드디어 선주가 되는 겁니다. 그러면 잡은 고기를 중간상에게 파는 대신 가공업체에 직접 팔 수 있고, 그러다가 결국에는 지체 통조림 공장을 운영할 수 있게 되겠지요. 그러면 상품, 가공, 판매를 다 조절할 수 있게 되는 겁니다."

"물론 그러면 이 작은 어촌 마을을 떠나 멕시코시티로 이사해야 하고, 그 다음에는 로스앤젤레스, 그리고 마지막에는 뉴욕으로까지 가서 커진 사업체를 운영하게 되겠지요."

멕시코 어부가 물었다.
"하지만 선생님, 그러려면 얼마나 걸릴까요?"

"15년에서 20년 정도 걸리겠지요."

"그 다음은요?"

미국인은 웃으며 말했다.
"그때부터가 제일 좋을 때입니다. 적절한 시기에 회사 주식을 일반 투자가들에 팔아서 큰 부자가 되는 겁니다. 몇 백만 달러를 버는 거지요."

"몇 백만 달러라고요, 선생님? 그러면 그 다음은요?"

　　"그러면 은퇴해서 작은 바닷가 어촌으로 이사해 아침 늦게까지 자고, 물고기도 약간 잡고, 애들하고 놀고, 부인 마리아랑 낮잠도 자고, 저녁 때는 마을로 내려가 와인도 홀짝거리고 친구들과 기타를 치며 살 수 있지요."

　　어부는 그냥 눈을 깜박이며 이렇게 물었다. "선생님, 그 경영학 학위라는 것이 반기 힘든 겁니까?"

머레이 교수의 강의 노트 5

개인을 위한 조언

일에서 성공하면서 동시에 가장 중요한 성공 즉, 좋은 아버지가
되고 또 가족들과의 친밀한 관계를 통해 맛볼 수 있는 기쁨과
또 다른 차원의 세계를 누리는 사람들은 극히 드물다.
— 존 하비 존스 경 —

자녀가 있는 경우 우리는 늘 아이들과 원하는 만큼의 시간을 보
낼 수가 없다. 다음은 시간이 별로 많이 들지 않으면서도 꾸준히 할
경우 아이들과의 관계를 크게 개선시킬 수 있는 간단한 행동 지침들
이다.

◆아이들은 편지 받는 것을 좋아한다. 집에서 아이들과 함께 보
 내는 시간이 많지 않은 경우, 몇 줄의 편지라도 써서 보내라.

◆어린 아이들이 말할 때는 몸을 낮춰 눈을 바라보며 들으라.

◆아이들과 보내기로 한 시간에는 가능한 한 전화를 받지 말라.
 자동 응답기를 사고 휴대폰은 꺼놓도록 하라.

◆가족 전통 같은 것을 만들라. 매주 토요일 저녁은 온가족이 함
 께 만든 음식을 먹는다거나 하는 지극히 간단한 일이라도 좋
 다. 아이들은 큰 다음 그런 것들을 기억할 것이다.

◆가능한 한 온가족이 함께 식사하도록 하라.

◆할 수 있으면 자신의 일터에 아이들을 데리고 가보라. 아빠 책
  상에 아이들을 앉히고, 아빠가 하루를 어떻게 보내는지를 이야
  기해주라.

◆아이와 반나절 정도 함께 일상적인 일들을 하며 보내는 계획을
  가능한 한 빨리 세워보라.

◆아이에게 매일 사랑한다고 말하라.

◆큰 유리병을 구해 조약돌로 가득 채우라. 조약돌은 아이가 18
  세가 될 때까지 아빠가 함께 보낼 토요일의 숫자를 나타낸다.
  매주 조약돌을 하나씩 꺼낼 수 있도록 하라.

가장 큰 착각

우리에게서 가장 중요한 사람들과 함께 할 시간을 훔쳐가는 착각들에 대해 다시 생각해보자. 다음 중 특히 내게 해당하는 항목이 있는가?

◆ 나는 아이들에게 내가 어렸을 때 갖지 못했던 것을 주기 위해 이렇게 오래 일하고 있다.

◆ 생활이 늘 지금처럼 바쁘지는 않을 것이다. 한가한 날들이 올 것이다.

◆ 우리에게는 늘 내일이 있을 것이다. 아이들의 어린시절은 영원히 계속될 것이다.

◆ 내가 없으면 회사(사업)는 살아 남지 못할 것이다. (한 대형 회계법인의 시니어 파트너 한 사람은 내가 주재한 세미나가 끝난 후 나를 옆으로 불러 이렇게 말했다. "자기가 없으면 얼마나 큰 일 나는 존재인지를 알고 싶으면 물을 한 양동이 가져와 손을 넣었다가 얼른 빼보면 압니다. 만일 물에 구멍이 나 있으면 정말 없어서는 안 되는 사람이겠지요."

배우자, 친구들과의 관계

친구, 가족들과 보낼 '안식 시간' 을 마련하고 그 때는 몸 뿐 아니라 정신까지 온전히 그곳에 있도록 하라.

◆ 저녁 한 시간 동안은 전화를 하지 말도록 하라.

◆ 레스토랑에 가면 휴대폰을 꺼놓고 있으라. 그래도 세상은 굴러가고 전화 진동에 감전된 사람 같은 모습을 보일 일도 없을 것이다.

◆ 배우자, 친구들과 함께 쉴 수 있는 저녁 시간을 정하라. 이를 약속으로 수첩에 적어 넣고 그 저녁 시간을 존중하도록 하라.

◆ 다시 웃는 법을 배우라. 이는 훌륭한 정신요법이다.

남의 말을 잘 들을 줄 아는 사람들은 다음과 같은 행동을 하지 않는다는 것을 명심하라.

◆ 남이 말하는 도중에 끼어 든다.

◆ 남이 하던 말을 자기가 끝내준다.

◆ 시계를 훔쳐보는 모습을 남들에게 보인다.

◆ 걸려온 전화가 진행중인 대화보다 너 중요한 것 같으면 전회를 받는다.

기업을 위한 조언

◆ 절대 "우리는 직원들이 가정 문제는 사무실 문 밖에 두고 오기를 바란다"고 말하지 말라. 이는 왼쪽 다리를 두고 오라는 말보다 나을 것이 없다.

◆ 결근 사유의 50% 이상이 스트레스와 관련이 있고, 대다수가 가족 문제에서 오는 것이라는 점을 생각하라. 회사가 직원들의 가정 생활을 위해 쓰는 경비는 모두 더 건강하고, 충실한 직원들을 갖기 위한 투자이다.

◆ 일과 개인생활의 조화 같은 문제를 다루는 사내 연수를 고려하라. 앞서가는 회사들은 이미 그런 것들을 실시하고 있다.

◆ 자녀 양육, 가족 관계, 부채나 스트레스 대처 방법 등 가정 관련 문제들에 대한 서적들을 구해 사내 자료실을 만드는 것을 고려하라. 많은 회사 직원들은 생활이 너무 바쁘고 또 어디를 찾아봐야 하는지도 잘 몰라 그런 자료들을 구하는 데 어려움을 겪고 있다.

◆ 단순히 회사 방침 때문이 아니라 기업 문화 덕분에 "가정 친화적" 회사라는 명성을 얻도록 하라.

◆자신의 가족이 일보다 더 중요하다고 말하는 직원들에게 위협을 느끼지 말라. 오히려 참된 가치관을 가진 직원을 구한 것이므로 그들이 회사를 위해 성공하는 동시에 자신들의 생활도 가질 수 있도록 유도하라.

11월 13일 화요일, 밤 10시 5분

잭은 머레이 교수가 자신의 법칙과 그에 대한 해설이 들어있는 공책을 펴는 것을 지켜보는 것이 좋았다. 지금 자기가 받는 수업을 받을 수만 있다면 많은 기업체 CEO들이 자기 월급의 반이라도 서슴지 않고 내놓을 것이라는 생각을 하며 잭은 미소를 지었다.

"저, 교수님. 오늘 강의는 뭐에 대한 건가요?"

머레이 교수는 미소를 지으며 말했다. "이건 자네가 틀림 없이 벌써 아는 내용일세. 자네가 나를 청소부라고 잘못 알고서도 기꺼이 나와 이야기하려고 했던 것도 바로 그 이유 때문이었으니까."

"잭, 가끔 사람들이 '인생에서 성공하기 위해 중요한 것은 무엇을 알고 있느냐가 아니라 누굴 알고 있느냐 하는 것이다' 라고 말하는 것을 들었을 거네. 그 말이 사실일 수도 있지만 종종 그 때문에 사람들이 어울리지 않는 자리에 들어가 있는 수도 있어요. 긴 안목으로 보면 대개의 경우 '뭘 알고 있느냐' 가 더 안전하다네. 사실 자네에게는 좀 다른 생각을 알려주고 싶어. 성공하려면 다른 사람들은 하찮게 여기는 사람들을 배려해주라는 것일세."

노교수는 이 강의를 아주 즐기는 듯 이야기를 하는 동안 그의 눈이 반짝였다. "청소부인줄 알고 함부로 대하다가 그 사람이 전무님이라는 사실을 알게 되면 금방 태도를 바꾸는 사람들보다 경박한 인격을 더 극명하게 드러내는 경우는 없다네."

"잭, 그러니까 자네가 정말 성공하고 싶다면…"

여섯 번째 법칙

친화력을 잃지 말라

친화력을 잃지 말라

전국적인 설문조사에 따르면 사람들이 가장 좋아하는 시는 러디어드 키플링(Rudyard Kipling)의 '만약에(If)'라고 한다. 거기 "만약에 당신이…왕과 걸을 수 있더라도…보통 사람들에 대한 친화력을 잃지 말지어다…"라는 멋진 구절이 나온다. '왕과 걸을 수 있는' 사람들은 많다. 그들은 자신들이 보기에 중요한 사람들에게 좋은 인상을 주기 위해 행동과 말을 어떤 식으로 해야 하는지를 터득한 사람들이다. 그러나 그들이 진정한 인격을 갖고 있느냐는 그들이 왕과 걸을 수 있으면서도 동시에 키플링이 말한 대로 '보통 사람들에 대한 친화력'도 갖고 있느냐 하는 것이다. 간단히 말해 이는 우리가 모든 종류의 사람들과 편안한 관계를 갖고 있느냐 하는 것이고 또 마찬가지로 중요한 것은 그들도 우리에 대해 편안하게 느끼냐 하는 점이다. 우리는 모든 사람을 정중하게 대하고 그들이 중요한 사람이라는 느낌을 줘야 한다. 이는 이사회 회의에서 나오다가 복도에 있는 청소부를 보면 회의실을 잘 준비해줘 고맙다고 인사할 줄 아는 것을 말한다. 사람들은 이런 행동을 '괜히 잘난 척하는 것'으로 치부하려고 하지만 나는 어떤 일을 하

는 사람이건 자기를 정중하게 대해주고 고맙다고 인사하는 것에 반감을 느끼는 사람은 보지 못했다.

왕하고 걷는 것만 할 줄 아는 사람들은 악을 쓰고, 까다롭게 굴고, 사람들에게 자기가 누구인지를 내세워야만 좋은 서비스를 받을 수 있다고 믿는다. 그러나 일반적으로 사람들은 자기들을 귀중하게 여기는 사람들을 위해 더 헌신적으로 일하게 돼 있다. 모든 사람들에 대한 '친화력'을 갖고 있을 경우 직위만 갖고는 온전히 누릴 수 없는 진정한 권위를 얻게 될 것이다. 물론 권위에는 그에 어울리는 외형이 따라야겠지만 친화력이 있으면 자기의 직위 때문이 아니라 인격 덕분에 존경심을 끌어내게 된다.

영국 하원의장을 역임한 베티 부스로이드(Betty Boothroyd)는 바로 그 친화력을 갖고 있는 사람이다. 하원의장 직은 아주 힘든 일이다. 이로 인해 어떤 하원의장은 알코올 중독이 되기도 했고, 또 다른 사람은 미치기까지 했다. 그러나 그녀는 하원의원 전체의 존경을 받아가며 이 역할을 완수했다. 그녀는 영국 하원의 700년 역사상 여성으로는 처음 하원의장직을 맡았고 영국 정계에서 마가렛 대처 다음으로 인정 받는 여성 정치가가 됐다. 그럼에도 그녀는 이렇게 말했다.

　"나는 온갖 화려함 따위에 정신이 팔리지 않습니다. 나는 냉철한 사람이지요. 현실적이고요. 나는 내 뿌리를 항상 잊지 않고 있습니다."

　그녀의 절친한 친구 한 사람은 이렇게 말했다.

　"그녀는 우리와 같은 사람이라는 느낌을 줍니다. 있는 그대로를 보이는 사람들은 늘 깊은 인상을 주지요. 그녀는 한 번도 자기가 아닌 다른 사람처럼 보이려 한 적이 없습니다."

　반면 최근 내가 들은 기업체 중역의 이야기는 이랬다. 그는 매일 아침 7시 30분에 운전 기사가 집에 데리러 오도록 했다. 운전 기사는 아주 엄격한 지시를 받고 있었다. 그는 운전석을 떠나서도 안 됐고, 그 중역이 차에 오르면 즉시 출발해야 했다. 그는 어떤 식으로든 말을 걸어서도 안 됐고, 차 백미러를 통해 중역을 바라보는 것도 안 됐다. 몇 개월 동안은 별일 없이 잘 지나갔다. 그런데 어느날 아침 그 중역은 차에 올라 문도 닫기 전에 현관홀 테이블에 서류를 놓고 온 것이 생각났고, 그래서 그걸 가지러 가기 위해 차에서 다시 내렸다. 운전 기사는 뒷문이 닫히는 소리를 듣고는 그대로 출발했다가 50분이 지난 다음에야 상사를 두고 온 것을 알게 됐다. 그리고 해고당했다.

　이에 비해 유명한 건축회사를 창설한 고 존 랭(John Laing)경의
태도는 완전히 반대였다. 그는 매일 자신의 롤스로이스를 스스로
몰고 출근했는데, 하루는 본사 건물로 가는 진입로를 들어가다가
경적을 울리며 회사로 걸어가고 있던 직원 한 사람에게 손을 흔들
었다. 그 직원은 즉각 모자를 벗으며 길을 막아서 미안하다고 사
과했다. 그러자 존 랭경은 놀라며 이렇게 말했다.

　"아, 아닐세. 난 그냥 아침인사를 하고 싶어서 그런 거야."

　친화력을 갖고 있으면 예상치 않은 곳에서 재능을 발견할 기회
가 생기며, 심지어는 뜻밖의 X인자까지 발견하게 되기도 한다. 몇
년 전, 내가 다니던 법률회사에서는 고객들이 변호사를 고용하는
방식이 바뀌고 있음을 감지하게 됐다. 면담을 결정하기 전에 우선
비용에 대해 알아보기 위해 전화를 거는 사람들이 점점 더 많아졌
다. 문제는 우리가 비용을 알려주면 경쟁 법률회사가 곧 거기서
몇 파운드씩 싸게 해주는 것이었다. 어떤 법률회사들은 아예 이런
식으로 말했다.

　"제일 낮은 가격을 받은 다음 우리한테 오세요. 그러면 그것보
다 싸게 맞춰 드릴께요." 그러나 그들이 제공하는 서비스의 질은

대개 형편 없었다. 우리 회사는 가격만 낮추기 보다는 좋은 서비스를 통해 고객을 확보해야 한다고 믿고 있었다. 그렇게 하기 위해서는 또 고객과 직접 만나는 것이 필요했다. 우리 회사에는 고객의 문의 전화를 받고 그들에게 직접 방문하여 변호사를 만나 이야기하는 것이 충분히 가치가 있음을 설득하는 전담 팀이 있었다. 그 기술은 법률 지식과는 아무 상관이 없었고, 실제로 변호사들은 대부분 그 일에는 전혀 소질이 없었다. 그런데 전화 상담팀은 대단한 성공을 거두었다.

하루는 문의전화가 왔을 때 팀원들이 모두 이미 다른 전화를 받고 있었다. 그래서 결국은 안드레아라는 어린 타이피스트 아가씨가 그 전화를 맡게 됐다. 그녀는 잠시 자기 일을 밀어놓고, 보기에 별로 힘들이지도 않고 그 문의 고객을 설득하여 면담 약속을 잡도록 하였다. 전화상담팀은 그녀의 솜씨에 감명을 받았고, 그래서 안드레아에게 다시 한 번 기회를 줬는데 결과는 역시 마찬가지였다. 안드레아는 말단 타이피스트였지만 특별한 재능을 갖고 있다는 것을 인정 받았고, 그래서 팀의 일원이 됐다.

　그로부터 얼마 지나지 않아 나는 다른 도시에 있는 법률사무소의 컨설턴트 일을 맡게 됐다. 그들은 걸려오는 문의 전화들에 어떻게 대처해야 하며 어떻게 하면 그 사람들을 고객으로 만들 수 있을 지에 대해 내게 물었다. 변호사 광고가 바로 얼마 전에 허용됐고, 그래서 많은 법률회사들이 거기에 엄청난 돈을 썼지만 광고를 통해 정말 유료 고객이 되는 사람들은 소수에 지나지 않았다. 나는 그들에게 우리 회사의 '전화상담팀'에 대해 이야기해줬다. 또 많은 법률회사에서 변호사들이 문의전화를 받고 있지만 대개의 경우 그 일에는 소질이 없다는 이야기도 했다. 나는 우리 회사가 어떻게 그렇게 높은 성공률을 달성할 수 있는지 실례를 보여주고 싶었다. 그래서 안드레아에게 전화를 걸어 이곳으로 와, 어떻게 하는지를 좀 보여달라고 부탁했다. 그녀의 대답은 이랬다.

　"그럴게요. 제 노트도 가지고 갈까요?"

　나는 안드레아의 노트가 뭔지 전혀 알지 못한 채 그냥 그러라고 했다.

　그때 스무 살도 채 안된 어린 아가씨가 법률회사의 회의실로 걸어 들어와 뭐 별 것 있겠느냐는 냉소적인 표정의 변호사 네 명과 마주보고 앉아 있던 광경을 나는 아마 평생 잊지 못할 것이다. 그

녀는 전혀 당황하는 기색도 없었다. 그리고 모든 사람이 다 자기를 보고 있는지를 확인한 다음 안드레아는 자기 노트를 보여줬다. 그녀는 걸려오는 전화를 전부 기록해 놓았고, 그 오른쪽 칸에는 '성공' 혹은 '실패' 등으로 그 결과를 적어놓았다. 그런데 통화 기록마다 옆에 '성공' 이라고 쓰여 있었다. 그녀는 우리 회사에서 법학 학위를 몇 개씩이나 가지고 있던 사람도 하지 못했던 일을 능히 할 수 있는 자신의 특별한 재주를 발견한 것이었다. 전화가 울리면 안드레아의 세상이 되는 것이었다.

나는 안드레아의 이야기를 들으며 변호사들의 냉소적인 태도가 눈 녹듯 사라지는 것을 보았다. 고객들이 왜 안드레아를 신뢰하게 되는지 별로 어렵지 않게 알 수 있었다. 안드레아는 전화를 받을 때부터 시작하여 고객이 처음에는 면담 약속을 하지 않으려고 할 때 대처하는 법까지 자기가 일하는 전 과정을 상세히 설명했다. 나는 갑자기 그녀의 말이 느려진 것을 깨달았고 그 이유를 본 다음에는 미소를 짓지 않을 수 없었다. 아직 10대인 그녀의 말을 한 마디도 놓치지 않으려고 애쓰면서 변호사들은 정신 없이 받아 적고 있었다. 그들은 현명한 사람들이라 그 기회를 놓치지 않

았다. 그들은 X인자를 만난 것이다.

　많은 간부들이 자기 밑에서 일하는 직원들에게 인사할 생각을 전혀 하지 않는 것으로 알고 있다. 직원들에게 자기 시간을 약간만 할애해도 회사에 혁명을 가져올 정도로 풍부한 재능의 광맥을 발견할 수 있다는 사실을 그들은 모르고 있는 것이다.

　'친화력'은 아주 구체적인 모습으로 나타날 수 있다. 모든 사람들이 애타게 커피가 오기를 기다리고 있는 회의에 참여해 본 적이 있는가? 드디어 커피가 오고 아래 직원이 회의실 테이블 한 가운데에 커피 잔 12개와 비스킷 접시를 차려놓는다. 그리고 거기 있는 사람들 중 반은 카페인을 애타게 갈망하고 있음에도 불구하고 커피는 그냥 그 자리에 머물러 있게 된다. 아무도 커피를 따라 돌리는 일을 하고 싶어하지 않기 때문이다. 몇 년 전, 아주 성공적인 기업의 이사회에 그 회사 회장과 함께 참석할 기회가 있었다. 그 회장은 왕과 걸을 수도 있고 또 실제 그러고 있는 사람이었지만 보기 드문 겸손함을 깆추고 있었다. 커피가 오고 사람들 사이에 잠시 주저하는 기색이 있자 그가 자리에서 일어나 잔을 펼쳐놓고 커피를 따르기 시작했다. 나중에 그는 이미 수년간 그렇게 하고

있다고 말했다.

"사람들이 자신감이 없어 커피가 다 식어버리는 일이 자주 있어요. 회의를 방해하게 되지 않을까 겁이 나서 그런 경우도 있고, 아니면 그런 시시한 일을 해서 자신의 격을 떨어뜨리고 싶지 않은 것도 있지요."

그는 내게 내가 계급조직 중 어느 위치에 있건 자리에서 일어나 그 일을 하라고 역설했다. "만일 그게 중역이라면 다음 번에는 사람들이 서로 나서 커피를 따르려고 할 테고, 만일 제일 아랫사람이라면 어차피 사람들이 그렇게 하기를 기대하고 있으니까요."

'친화력'을 잃지 않기 위해서는 자기를 너무 대단하게 여기지 말고, 사람들을 회사에서의 지위와 상관 없이 정중하게 대하는 습관을 길러야 한다. 이를 실천하다 보면 아주 대단한 이득을 본다는 것을 알 수 있다. 우선 우리는 상승가도에 있는 사람들을 만나게 된다. 나중에 영업부 책임자는 자신이 신참 사원이었을 때 우리가 자기를 어떻게 대했는지를 기억할 것이다. 또 더 중요한 것은 만약 우리가 좌천되거나 해서 오히려 밑으로 내려가는 경우 과거에는 우리가 짓밟았지만 지금은 상승가도에 있는 사람과 마주

칠 수도 있다는 사실이다. 간단히 말해, 가능한 한 적을 덜 만들라는 뜻이다. 그러나 그보다 더 중요한 것은 우리가 계획과 전략을 실행하려고 할 때 사람들을 이끌어갈 수 있다는 점이다. 사람들은 자기들이 존중하고 그냥 마음에 드는 사람들은 아무래도 좀더 믿게 돼 있다. 그리고 우리는 어느 기업이든 성공하자면 이들 '보병'들의 호감을 얻는 것이 아주 중요하다는 사실을 결코 잊어서는 안 된다.

　나는 많은 법률회사의 컨설턴트 일을 했다. 어떤 때는 회사 발전 계획을 세우기 위해 파트너 변호사들과 몇 시간씩 보내기도 했다. 그 다음 단계는 변호사, 회계과 직원, 변호사 보조직원 등 전직원을 모아놓고 회사 전략을 발표하는 것이었다. 한번은 같은 회사 파트너와 내가 파워포인트 도표를 사용하여 그 회사의 장래 계획을 설명하고 있을 때였다. 우리 전략을 설명하는데 비서 몇 사람이 웃고 있는 것이 보였다. 우리는 얼마가 지난 다음에야 그 이유를 알 수 있었고 그러자 우리도 웃지 않을 수 없었다. 그 비서들은 "한 번 그렇게 해 보시라고요"라고 말하고 있었다. 그들은 법률회사의 진짜 힘이 어디에 있는지 알고 있었고, 또 그들의 생각이 옳

았다. 권력에 익숙해 있고, 평생 조직의 꼭대기에만 머문 사람들은 조직 제일 밑에 있는 사람들이 얼마나 쉽게 자신들의 계획을 성공시키거나 실패하게 만들 수 있는지를 잊고 있다.

　내가 열 여덟 살로 학생일 때 친구 앨버트 젠킨스와 함께 지방 정부를 위해 트럭 바퀴 세는 아르바이트를 한 적이 있었다. 그들은 도시 둘레에 순환도로를 건설할 필요가 있는지를 결정하려 했고 그래서 교통량을 관찰해 보려고 한 것이었다. 그들은 우리에게 의자 하나, 연필과 메모장을 주고 2차선 차도의 중간에 앉아 바퀴 수를 세라고 했다. 아마 그들이 앨버트에게 약간만 더 잘 대해줬더라도 모든 일이 괜찮았을 텐데 그러지 않았다. 그들은 앨버트가 단순히 숫자에 지나지 않고, 없어도 상관 없고, 아무 가치가 없다는 듯이 아무렇게나 대했다. 그러자 앨버트는 일할 의욕이 완전히 꺾인 상태에서 트럭 바퀴 숫자를 늘려 적었다. 그 지방정부 당국은 건설 요청 계획, 측량, 주문서 등에 엄청난 돈을 쏟아 부었지만 앨버트는 연필과 종이만 가지고도 그들의 원대한 계획을 망쳐놓은 것이다.

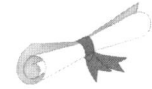

　수년 전, 런던의 한 큰 회사가 자사의 인사절차 평가를 위해 외부 컨설턴트를 고용했다. 그 회사는 카이트 마크(영국 규격협회의 공인서)를 받으려 하고 있었다. 예비 평가 담당자는 회사 파트너들에게 직원들과 이야기하고 싶다고 했고 파트너들은 이에 동의했다. 그 컨설턴트가 누구를 골라 이야기하든 회사를 꽤 괜찮게 말해줄 것이라고 믿었던 것이었다. 회사에서는 지난 6개월 동안 직원들에게 이야기하고, 그들의 이야기도 들어주고, 그들을 어루만져주는 일을 해왔던 터였다. 모든 것이 완벽하게 준비돼 있었다. 이는 그 평가 컨설턴트가 만나겠다고 한 첫 번째 직원이 사무실 청소원만 아니었다면 그랬을 거라는 말이다. 컨설턴트가 청소원에게 한 질문은 예리했다.

　"사무실 파티에 선생님도 초대합니까?"

　"저는 사무실 파티가 있는 것도 몰랐는데요." 청소원은 이렇게 대답했다.

　그 다음 해부터는 회사 전무가 직접 청소원들을 파티에 초대하고 있다.

　케네스 콕(Kenneth Cork)경은 아마 영국에서 가장 유명한 부

도 및 파산 관련 변호사일 것이다. 그가 1982년에 발표한 콕 보고서는 부도, 파산, 회사 청산, 법정관리 관련법에 대한 중요한 평론서가 됐다. 콕 경은 나중에 런던 시장까지 됐는데 회사가 성공하거나 실패하는 원인을 콕 경만큼 확실히 아는 사람들은 아마 얼마 없을 것이다. 그가 부도날 회사로 눈여겨봐야 된다고 지적한 조기 경고 조짐들은 이제는 잘 알려져 있으며 다음은 그 중 몇 가지이다.

* 회사 입구의 분수
* 회사 깃발을 거는 깃대 설치
* 여왕 산업 표창장 수상
* 최우수 연례 재무제표 작성상 수상
* 특별 주문 번호판을 부착한 롤스로이스 자동차

그러나 콕 경에게서 가장 눈에 띄는 것은 그의 '친화력'이다. 그는 배경과 지위가 모두 다른 회사 사람들 모두를 정중하게 대할 줄 알았다. 그는 회사가 잘못 돌아가고 있다는 것을 제일 잘 볼 수 있는 사람들은 계급조직의 제일 밑바닥에 있는 사람들이라고 굳

게 믿었고, 그래서 그들과 이야기하기를 좋아했다. 그는 이렇게 말했다.

" 어느 회사에서 뭐가 잘못되고 있는지를 알려면 중역실이나 본사에서 듣는 말에 의존해서는 절대 안 된다. 회사의 문제점들에 대해 완벽히 파악하고 있는 사람들이 반드시 있게 마련이고, 흔히 회계부서 같은 데서 일하는 사람들이 그렇다. 그런 사람들이 꼭 그곳 책임자여야 한다는 법도 없고 대부분의 경우 오히려 아니다. 그런 귀한 정보원을 찾으면 곧바로 그와 그가 알고 있는 것들을 가능한 한 최대한 활용해야 한다."

케네스 콕 경은 많은 회사들이 실패하는 원인은 의사소통의 부족 때문이라고 믿었다. 이는 중역들 사이에서도 그렇고, 아래 직원들에 대한 것, 밑에서 위로 올라오는 것 역시 마찬가지였다. 그는 실패한 회사들에 대해 다음과 같이 말했다.

"세상일이 어떻게 돌아가고 사람들이 어떻게 움직이는지 등 인생 전반에 대한 의식이 부족했다. 그들은 대개 자신들만의 폐쇄된

세계에서 살고 있었다… '일꾼'이라는 사람이 회사를 운영하는 데 반드시 따르게 마련인 일들을 이해하지 못하고 있다는 것은 정말 알 수 없는 일이다… 나는 열 번 중 다섯 번은 회사를 구하는 열쇠가 의사소통이라고 확신하고 있다. 유감스럽게도 일부 경영진들은 직원들과는 고사하고 자기들끼리도 의사소통을 못하고 있다."

1차 대전이 막 끝났을 무렵, 프랑스의 어느 참호에서 독가스 공격을 받고 심하게 부상당한 채 돌아온 나의 아저씨가 채석장 일을 마치고 집에 돌아오던 길이었다. 집에 가기 위해 아저씨는 전쟁에 나가기 전부터 하던 대로 그 지역 지주의 영토를 가로지르는 지름길로 들어섰다. 아저씨는 자기가 플랑드르에 가 있는 동안 늙은 지주가 큰 병에 걸렸고 지금은 그 아들이 영토를 관리하고 있다는 사실을 미처 모르고 있었다. 아저씨가 채석장 냄새를 풍기며 저녁 먹을 생각에 잠겨 들판을 가로질러 오는데 뒤에서 누가 외치는 소리가 들렸다.

"이봐요! 거기!"

"도대체 거기서 뭘 하고 있는 겁니까?" 하고 외치는 소리가 또 들려오자 아저씨는 몸을 돌렸다. 아저씨는 무슨 영문인가 싶어 주

위를 돌아보고는 마주 외쳤다.

"지금 나한테 말하고 있는 겁니까?"

그 멀리 있던 사람은 알고 보니 지주의 아들로 이제 몇 미터 밖에 떨어지지 않은 곳까지 와 있었고 화가 잔뜩 나 있었다.

"이 땅을 지나가면 안됩니다."

"지난 15년 동안 이 땅을 지나다녔는데요. 돌아가려면 1마일은 더 걸어야 해요."

"아무튼 이제부터는 안 됩니다."

"이봐요. 난 피곤해요. 이제 막 프랑스의 전쟁터에서 돌아왔고, 채석장에서 10시간을 일했어요. 길이나 비켜요."

"경찰을 부르겠습니다."

"잠깐. 당신 아버지가 이 땅을 어떻게 얻었지요?"

"아버지의 아버지가 물려줬지요."

"그러면 할아버지는 어떻게 얻었습니까?"

"또 그 아버지가 물려줬지요."

이렇게 해서 아저씨는 그 젊은 지주가 일곱 세대나 거슬러올라가게 만든 다음 또 물었다.

"그러면 그는 어떻게 땅을 얻었습니까?"

"싸워서 차지했습니다."

그게 아저씨가 기다리던 대답이었다. 아저씨는 자못 피곤하다는 듯이 지고 있던 배낭을 내려놓고는 자켓을 벗기 시작했다.

"자, 그러면, 나도 내 권리를 위해 싸워야겠소."

그 이후로 아저씨는 다시는 귀찮은 일을 당하지 않았다. 그 젊은 지주는 분명 왕과 걸을 수 있는 사람이었고, 또 왕 한두 명 정도는 직접 아는 사이일 수도 있었다. 그러나 그가 자기 아버지가 오랜 세월을 통해 터득했고 키플링이 훌륭한 시를 통해 이야기한 사실을 파악하지 못했다면 그의 인생은 황폐했을 것이다. 이 원칙은 기업체 중역, 의사, 정치가 등 사람을 다루는 모든 이들에게 해당된다. '친화력'을 상실할 경우 모든 관계를 완전히 상실하게 되는 것이다.

기업을 위한 조언

◆ 우리 조직이나 부서에 안드레아 인자를 가진 사람이 있는가?

◆ 직원과 회사 모두에 안전하면서 안드레아 인자가 있는지 검사할 방법이 있을까?

◆ 모든 직원들이 자신의 가치를 느낄 수 있도록 하기 위해 어떤 전략을 갖고 있는가?

◆ 다음에 나오는 데일 카네기의 『카네기 인간관계론』 발췌문을 읽고 생각해 보라.

1936년에 연봉 백만 달러를 받는 사람은 단 두 명, 월터 크라이슬러(Walter Chrysler)와 찰스 슈왑(Charles Schwab) 뿐이었다. 앤드류 카네기(Andrew Carnegie)는 왜 슈왑에게 하루에 3천 달러씩이나 주고 있었을까? 그가 천재였기 때문이었을까? 아니었다. 그러면 그가 철강 생산에 대해 누구보다도 잘 알고 있었기 때문이었을까? 전혀 아니었다. 찰스 슈왑은 내게 자기보다 철강 생산에 대해 더 잘 알고 있는 사람들이 자기 밑에서 일하고 있다고 했다.

　슈왑은 자기가 그렇게 높은 연봉을 받는 것은 순전히 사람 다루는 능력 때문이었다고 했다. 그 비법에 대해 묻자 다음과 같은 이야기를 했는데, 정말 동판에 새겨 이 땅에 있는 모든 가정, 학교, 사무실, 상점에 걸어놓아야 할 정도로 명언이었다.

　"내 능력은 나의 가장 큰 재산인 사람들에게 의욕을 불러일으키는 것이며 또 그를 위해 가장 좋은 방법은 칭찬하고 격려하는 것이다."

개인과 기업 모두를 위한 조언

◆가정과 사무실에서 어떻게 하면 주위 사람들을 격려하고 의욕을 불러일으키는 분위기를 조성할 수 있을까?

◆왜 많은 상사들은 칭찬하는 것을 힘들게 생각할까? 어쩌면 자신이 칭찬을 받아본 적이 없어서 그럴 수도 있고, 아니면 시대에 뒤떨어진 태도이지만 칭찬하는 데 자신이 없기 때문일 수도 있다.

카네기 자신도 칭찬의 힘을 믿었다. 실제로 카네기가 직접 작성한 자신의 묘비명 내용은 이렇다.

"여기 자기보다 더 명석한 사람들을 주변에 둘 줄 알았던 사람이 잠들어 있다."

◆ 그렇게 하는 데 최대 장애 요인을 하나만 들지면 무엇일까?
◆ 사람들이 이직하는 것은 일 때문이 아니라 상사 때문이라는 사실을 기억하라.

11월 20일 화요일, 밤 10시10분

머레이 교수 집으로 가는 언덕길을 오르며 잭은 벌써 파이프 담배와 커피 냄새를 맡고 있는 것 같았다. 머레이 교수는 잭에게 늘 그냥 들어오라고 했는데 가끔 문이 잘 안 열릴 때가 있었고 오늘은 문을 세게 밀어야 했다. 문은 잠겨 있었다. 갑자기 불길한 예감이 들었다. 그러다가 문에 핀으로 붙여놓은 편지봉투를 봤다. 겉봉에는 잭의 이름이 써 있었고 잭은 급히 편지를 열어봤다.

잭, 우리의 마지막 수업에 빠지게 되어 미안하네. 어젯밤에 약간 가슴 통증이 있었는데, 사람들이 수선을 떨며 병원에 며칠 입원해 전체적으로 검사를 받아야 한다고 우겨서 말일세. 내 몸에서 튜브들을 떼어내는 대로 바로 연락하겠네.

나는 우리가 함께 보낸 시간을 자네가 생각하는 이상으로 즐겼네. 자네는 아직 젊지만 대부분의 사람들이 평생 못한 일을 했어요. 일부러 시간을 내어 "진정한 성공이 무엇인가?"에 대한 답을 찾아보려고 하지 않았나. 온 세상에서 사람들은 전화 걸고, 이사회에서 살아 남고, 장부의 대차를 맞추느라고 바쁘게 돌아가고 있네. 사업 계획은 작성되고, 문서 절단기에 들어가고, 또 다시 작성되고 있네. 사무실 책상에는 잉크가 마르기도 전에 구식이 되어 버리는 전략 문서들이 널려 있고, '다시 없는 기회'라던 것들은 매주 반복되고 있지. 그런

것들에 질려 냉소적인 사람이 되지 않도록 조심하고, 항상 눈을 뜨고 있어야 하네. 우리는 소중한 것들을 위해 시간을 내고, 자신의 가장 큰 강점을 발견하고, 드림 캐처를 찾는 등 많은 것들에 대해 이야기를 나눴네. 하지만 정말 중요한 강의는 오늘 할 것으로 아마 어쩌면 내가 없이 자네 혼자 배우는 것이 더 나을 수도 있어요. 잭, 오늘날 우리는 엄청난 양의 지식을 갖고 있지만 지혜는 부족한 것 같아. 인생에서 무엇을 아는 것만으로는 충분하다 할 수 없고, 자신이 믿는 바를 알아야 한다네. 그래야만 진정한 성공을 향해 안전하게 나아갈 수 있는 진로를 정할 수가 있지.

자네의 친구 탐으로부터

추신
마지막 법칙
성공에 만족하지 말라 : 변화를 일으키라 — 의미를 추구하라.

일곱 번째 법칙

성공에 만족하지 말라 : 변화를 일으키라
― 의미를 추구하라

성공에 만족하지 말라: 변화를 일으키라
― 의미를 추구하라

우리는 참 대단한 시대에 살고 있다. 우리는 별이 빛나는 밤에 집 밖으로 걸어나가 달을 쳐다보며 이렇게 속삭일 수도 있다. "저기에 사람을 보낼 수 있어요." 우리들 중 약간 나이가 든 사람들은 1967년 12월, 남아프리카 공화국의 크리스찬 버나드(Christian Barnard) 박사가 세계 최초로 야채 도매상인 루이스 워시캔스키(Louis Washkansky)에게 심장이식 수술을 했을 때의 흥분을 기억할 수 있을 것이다. 그러나 그 수술은 이제 흔한 것이 되어 버렸다. 100년 전만 해도 영국에서 스페인까지 가는 데 3주 이상이 걸렸다. 최근 스페인의 말라가에서 런던까지 비행기를 타고 갔는데, 착륙 직후 기장은 비행시간이 2시간 30분 소요돼 도착이 10분 지연됐다며 사과했다. 또 지난 30년간 이룬 과학적 발견은 그 전 역사를 전부 합친 것보다 더 많았다.

그러나 인류의 이 모든 진보, 능력, 자만에도 불구하고 우리로 하여금 달리던 것을 잠시 멈추고 생각해보게 만드는 한가지 통계치가 있으니 인간의 사망 확률은 여전히 100%라는 사실이다. 그

뿐 아니라 인생은 짧다는 것도 여전히 엄연한 사실이다. 온갖 치료법, 의약품, 신체 단련 프로그램, 노화방지 제품들이 나왔음에도 불구하고 4,000년도 더 전에 늙은 유태인 시인이 읊었듯이 인간의 예상 수명은 그다지 많이 늘어나지 않았다. "인생은 100년이요, 건강해야 그보다 몇 년 더 사는 것이 고작일 것이다."

물론 강인한 사람들은 평균 수명보다 훨씬 더 오래 사는 수도 있으며 프랑스의 진 깔망(Jeanne Calment) 같은 사람이 그런 경우이다. 깔망 할머니는 정식 출생신고를 한 이후로 120세 이상을 산 첫 번째 경우였다. 그녀는 대단한 노인이었다. 85세 때 펜싱을 시작했는가 하면 115세 때는 담배를 끊으면서 '습관이 되려고 하고' 또 '실명한 다음부터는 담뱃불을 붙이기가 힘들어서' 라고 이유를 토로했다. 그녀는 에펠탑이 세워질 때의 일도 기억하고 있으며, 프랑스의 아를르 지방에 있던 자기 아버지의 가게에 물감을 사러 오곤 하던 '못생기고, 성질 더럽고, 술 냄새 풍기던' 남자까지 기억하고 있다. 그의 이름은 반 고흐였다. 한번은 주름이 있느냐는 질문을 받고 깔망 할머니는 이렇게 대꾸했다. '딱 하나 있는데, 내가 감추고 있어요.'

진 깔망 할머니는 우리 모두가 액자에 끼워 벽에 걸어놓고 매일

봐야 할 명언을 남겼다. 115세가 됐을 때 누군가가 미래에 대해 어떻게 보고 있느냐고 묻자 그녀는 '아주, 아주 짧을 것'이라고 답변했다. 젊은 사람들이 그런 말을 믿지 않는다는 것은 별로 비밀도 아니다. 우리가 아직 20대일 때, 인생은 어릴 때 여름방학처럼 느껴진다. 방학이 정말 한없이 계속되지는 않을 것이라는 사실을 알고 있음에도 거의 그런 것처럼 느껴지는 것이다. 그러다가 8월이 끝나고 9월의 서늘함이 처음으로 느끼는 어느 날, 길고 나른하기만 했던 날들은 갑자기 끝을 맺는다. 똑같은 일이 우리에게도 일어날 것이다. 미래는 짧다.

　지난 해 나는 사업가인 영국인 친구의 초대로 그의 친구 몇 명과 함께 지중해에 있는 그의 별장에서 짧은 휴가를 보내게 됐다. 그는 아주 특별한 사람이었다. 나이는 겨우 40세 밖에 안 됐지만 부동산, 출판, 체인점 사업 등을 포함하는 수백만 파운드 규모의 기업 왕국을 건설하는 데 기여한 사람이었다. 20년 전 시장 중개인 노릇을 했던 것을 생각하면 대단한 성공이었다.

　그가 초대한 손님 중 아직 그의 별장에 가 본 사람은 하나도 없었다. 그래서 출발 며칠 전 그 중 한 사람을 우연히 만났을 때 별

장이 어떨 것 같으냐고 내게 물어왔다. 나는 잘 모르기는 하지만 그 친구의 집, 사무실, 마구간으로 봐서 "침실 하나짜리 상가 아파트에, 2층 침대를 예상하지는 말라"고 말했다. 역시 내 말은 틀리지 않았다. 우리가 간 곳은 아름다운 정원, 강낭콩 모양의 커다란 수영장과 함께 우리가 때때로 길을 잃을 정도로 많은 침실을 갖춘 대저택이었다.

어느날 아침 일찍 일어난 나는 그 집 주인이 부엌에서 커피를 만들고 있는 것을 봤다. 우리는 각자 커피잔을 들고 수영장이 내려다보이는 라운지로 갔다. 이른 아침의 햇살이 물위에 반짝이는 것을 바라보고 있다가 갑자기 그가 말했다. "그런데 말이지요, 이것으로 충분한 게 아닙니다." 나는 알 수 없다는 표정으로 그를 바라봤다. 더 이상 뭐가 필요한 건지 상상하기 힘들었기 때문이었다.

그는 말을 계속했다. "사람들은 이런 것들을 다 갖고 있으면 정말 뭐든지 다 갖추고 있다고 생각하지요. 하지만 그렇지 않습니다." 그는 그러면서 우리가 만나기 1년 전에 자기가 겪은 '인생을 바꿔놓은 경험'에 대해 이야기했다. 그는 몸이 아파서 전신을 정밀 검사하는 MRI 검사를 받아야 했다.

"의사는 내 몸의 세세한 부분까지 보여줬습니다. 심장, 간, 폐 등을 들여다보다가 갑자기 나도 다른 사람들과 똑같은 인간에 지나지 않는다는 생각이 떠올랐습니다. 마찬가지로 병에 걸릴 수 있고, 가장 겁나는 것은 다른 사람들과 똑같이 나도 죽게 될 거라는 사실이었습니다. 어리석게 들릴 줄 압니다만 그 순간까지 저는 허구의 세계에 살고 있었습니다. 사업에서 느껴지던 나의 그 불사신 같은 능력이 죽음의 신으로부터도 나를 보호해 줄 것이라고 믿었지요. 어떻게든지 그를 매수하거나, 그와 거래를 하거나, 누군가에게 돈을 주고 나를 숨겨달라고 할 수 있을 거라 생각했습니다. 그러나 런던의 병원에서 지낸 그 가을날, 내가 회복되어 일어난다 해도 그것은 잠시 휴식일 뿐 언젠가는 죽게 된다는 사실을 생전 처음으로 깨닫게 됐습니다." 그는 잠시 말을 멈췄다가 다시 계속했다. "이제 내가 정말 원하는 것은 성공이 아닙니다. 그건 이미 갖고 있으니까요. 진부한 소리라는 것은 압니다만 뭔가 큰 변화를 일으키고 싶습니다."

나를 초대한 그 사업가는 우리 모두가 결국 겪게 되는 갈등에 빠져 있었다. 그 뿌리는 모든 사람들 속에 깊이 박혀 있으며 우리가 그 욕구를 무시하려 들면 돈, 권력, 명성을 얼마나 얻건 상관 없

이 우리의 영혼은 결국 죽게 되어 있다. 그것은 바로 인생의 의미를 추구하고자 하는 욕구이다.

　우리가 성공의 진정한 핵심을 발견하려면 '현재'만 생각하는 것은 현명치 못할 것이다. 앞으로 몇 년 후 자신의 모습을 상상해 보고, 또 과거를 돌아보고, 그 다음 '그때 내게 중요한 것이 무엇일까?'라는 질문에 대한 해답을 찾아야 한다. 문제는 우리가 젊을 때는 그 공식이 빤한 것처럼 보이는 것이다. 꼭대기까지 올라가고, '이사'라고 표시된 주차 공간을 확보하고, 상당한 재산을 모아 사람들이 보면 "저 사람 성공했네"라는 소리를 듣는 게 그거였다. 그러나 나이가 들면 공식이 바뀌었다는 느낌이 들기 시작한다. 이제는 성공한 사람으로 보이기보다는 의미있는 인생을 사는 사람으로 보이고 싶은 것이다. 우리의 삶이 무언가 의미가 있었으며, 뭔가 변화시킨 게 있다고 믿고 싶게 된다. 이제 부동산만 탐내는 것이 아니라 진정한 인간관계를 열망하게 된다. 그래도 정신이 들지 않을 경우에는 우리가 일을 통해 알게 된 사람들, 옛날 공식을 이해하는 사람들이 갑자기 다 사라졌음을 깨닫게 된다. 지금 남아있는 이들은 말로는 우리가 없으면 '견뎌나갈 수 없을 것'이

라고 하면서도 사실은 바로 다음 날이라도 우리를 내몰 수 있는 사람들이다.

그래도 다행인 것은 우리 나이가 어떻든 간에 우리 목숨이 붙어 있는 한 자신을 변화시키는 일을 시작할 수 있다는 점이다. 알프레드 노벨(Alfred Nobel)은 19세기에 가장 성공한 기업인 중 한 사람이었다. 1867년 그는 자신이 새로 고안한 폭약인 '다이너마이트'에 대한 특허를 획득했고, 곧 이어 모든 선진국에서 특허를 따냈다. 노벨은 1880년에 이르러서는 세계에서 가장 큰 다이너마이트 생산 재벌의 우두머리가 됐다. 특허 수입, 주식배당금, 이익금은 불어났다. 그러다가 어느 날, 한 단순한 실수가 그의 인생을 영원히 바꿔놓게 됐다. 한 프랑스 신문이 노벨의 형이 죽은 것을 그가 죽은 것으로 잘못 안 것이었다. 노벨은 덕분에 많은 사람들이 가져보지 못한 기회를 누릴 수 있었다. 어느날 커피잔을 들고 신문을 편 노벨은 자기에 대한 부고 기사를 읽고 사람들이 자기의 인생을 어떻게 보고 있는지를 알게 된 것이다. 그러나 그가 읽은 내용들은 '죽음의 상인', '그는 사람들의 몸을 절단하고, 죽이는 새로운 방식을 발견하여 재산을 모았다' 등의 것이었다. 신문을

손에 든 채 노벨은 사람들이 자기를 그런 식으로 기억하지 않도록 만들어야겠다고 다짐했다. 그리고 바로 그날부터 단순히 성공적일 뿐 아니라 의미 있는 삶을 살기로 결심했다. 그는 자신의 엄청난 재산을 사용하여 예술, 과학, 또 무엇보다도 평화를 장려하기 시작했다. 1995년 넬슨 만델라가 노벨평화상을 받기 위해 연단으로 걸어 올라가는 것을 지켜본 사람들 중에서 그 모든 것이 한 프랑스 기자의 덕이라는 것을 안 사람은 별로 없을 것이다. 단순한 실수를 통해 그는 한 사람의 인생을 영원히 바꿔버린 것이다.

오늘날에는 점점 더 많은 기업들이 자기들의 기술, 재력, 또 그 밖의 자원을 그것들을 필요로 하는 지역사회 및 자선 단체들과 나누고 있다. 그런 회사들을 지켜보는 사람들은 물론 그 회사들이 단지 이타적 이유로만 그러는 것이 아니라는 것을 깨닫고 있다. 성공만이 아니라 인생의 의미도 추구하는 직원들은 자기들이 몸담은 회사에 비전을 가져오지 않을 수가 없기 때문이다. 나는 그 모든 일들에 박수를 보내는 바이다. 그러나 무엇보다도 중요한 것은 의미 추구는 각자 개인들에 의해 이루어진다는 점이다. 수입이 제한된 사람이나 백만장자, 사무실 청소원이나 회사 간부, 젊은이

나 나이든 사람 할 것 없이 각자 개인들이 우리의 성공에 대한 정의가 무엇이건 간에 새 고급 승용차나 호수가 내려다 보이는 사무실보다는 좀더 나은 것이어야 한다고 결심하는 것이다.

누군가에게 희망을 주기 위해 우리의 일부를 남에게 베풀면서 그전에는 알지 못했던 전혀 새로운 것을 배우게 된다. 지난 25년간 우리는 어린 시절 대부분을 정부단체의 보호 하에서 산 론을 데려와 함께 살고 있다. 론은 자기 집이라고는 가져본 적이 없었다. 1974년 크리스마스를 함께 보내기 위해 그를 우리집으로 초대한 이후 그는 우리집을 떠나지 않았고, 이제 우리 아이들보다도 더 오랜 세월을 함께 살고 있다. 우리집에 온지 얼마 안됐을 때 론은 쓰레기 청소부로 취직했는데 이는 우리 동네에서 화젯거리가 되기도 했다. 요리사, 정원사를 고용하고 있는 집들은 있었지만 아직 쓰레기 청소부를 두고 있는 집은 없었기 때문이었다.

론이 우리와 살게 되고 나서 얼마 안됐을 때 나는 일하는 법률회사의 파트너가 됐고 그래서 회사는 내게 벤츠를 사줬다. 그 전에 타던 차를 헐뜯을 생각은 없지만 벤츠에 시동을 걸 때의 기분은 정말 대단했다. 모르는 사람에게조차도 차를 자랑하고 싶어 몸

이 달았다. 차를 보여주며 남들이 감탄하는 모습을 보고 싶었던 내 심정을 모두 이해하리라 믿는다. 나는 론에게 자랑하기로 했다. 론이 안전 벨트를 매고 경의에 찬 눈으로 차 안을 둘러보자 내가 자랑스럽게 설명했다. "이게 메르세데스 벤츠라는 차야, 론." 나는 차에 기어를 넣고 미끄러지듯 나아갔다. 그리고 운전대에 한 손가락만 대고 힘 하나 안 들인 채 돌리는 모습을 보여줬다. 그런데도 론이 별로 감명 받는 눈치가 아니길래 이번에는 말로 설명해줬다. "이게 동력 조향장치라는 거야." "알아요, 롭." 론이 대답했다. "우리 쓰레기 청소차에도 그거 있어요."

론은 과거에는 노숙자였지만 지금은 남는 시간에 시내에 있는 자선 급식소에 나가 봉사까지 하고 있다. 어느날 저녁 나는 그가 낡은 신발을 신고 있는 것을 보고 물었다.

"론, 새 신발은 어떻게 했어?"

"아, 딴 사람한테 줬어요. 돈 모아서 또 살 거에요."

론의 인생을 성공적이라고 부를 사람은 분명 별로 없겠지만, 그래도 내가 보기에는 그렇다. 그는 25년간 일을 하며 돈을 모아 전세계를 여행할 수 있었고 호주에 두 번이나 갔다 왔다. 또 축구팀 감독도 했고, 많은 사람들이 이루지 못한 인생의 작은 의미를 달

성할 수 있었다.

　문제는 우리들 대부분이 너무 바쁘게 사느라 그런 문제들을 생각할 시간조차 없다는 것이다. 그러나 어떤 때는 모든 상황들이 공모하여 우리로 하여금 깊이 생각할 시간을 주기도 한다.

　몇 년 전, 수백 명의 기업체 간부들을 모아놓고 강연을 할 때였다. 우리 세미나에 빠지지 않고 참석하던 사람인데 한동안 안 보이다가 강당 뒤편에 앉아 있는 것이 보았다. 중간 휴식 시간에 나는 즉각 그에게로 다가가 그 동안 보고 싶었다고 말했다. 그는 2년 전 심한 교통사고를 당했다고 했다. 6개월 동안은 사경을 헤맸고 그 다음 6개월 동안은 또 병상에 누워 지냈다는 것이다. 그런데 그의 이야기를 들으며 나는 신기하게도 그 힘든 기간을 통해 그에게 뭔가 긍정적인 변화가 있었음을 감지할 수 있었다. 그래서 내 직감이 맞는지 물어보기로 했다.

　"그 비극 속에서도 긍정적인 요소들이 있었습니까?"

　그는 조금 있다가 대답했다.

　"네, 두 가지가 있었습니다. 첫째, 아내와 아이들을 더 귀하게 여길 줄 알게 된 거지요. 사고 전에는 어떻게 생겼는지를 잊어버리지 않기 위해 가족 사진을 지니고 다닐 정도였습니다. 두 번째

로 같은 사무실 파트너들이 내가 누워지낸 6개월 동안이 내가 사무실에서 일할 때 보다 더 회사에 도움이 됐다고 하더군요. 그것은 25년 만에 처음으로 한 사람이라도 생각할 시간이 생겼기 때문이지요."

시간 관리 강좌들은 크게 도움이 될 수도 있지만, 거기서 아주 중요하다고 말하는 조언 중 한 가지만은 무시하기 바란다. 바로 이런 말이다. "항상 시간을 최대한 활용하라. 운전을 하면서도 의욕을 고취시키는 테이프를 들으라. 늘 가방에 일할 것을 넣고 다니다가 비행기 이륙이 지연되거나, 미팅이 늦어지거나 할 때 처리하도록 하라."

이제 책을 마무리할 때가 됐으니 여러분이 책을 산 보람이 있도록 마지막 충고를 하려고 한다. 만일 운이 좋아 단 몇 초 동안이라도 전화도 울리지 않고 또 "몇 분만 시간을 내달라"고 사무실 문을 노크하는 사람도 없다면 그 짧은 시간이나마 귀중하게 쓰도록 하라. 공항 라운지에 있다면 곧장 휴대전화로 손을 뻗지 말고, 가방에서 서류를 뒤지지도 말고, 바쁜 척 해야 한다는 생각도 버리라. 대신 커피를 한 잔 사 들고 조용한 곳으로 가 대단한 사치를

누려보라. 그냥 생각에 잠겨보라.

'생각할 시간' 즉, 장미꽃 향기를 맡아보고, 우리의 비전과 꿈을 구체화시키고, 정말 중요한 문제들을 생각해볼 시간이 없는 것이야말로 많은 기업들이 수렁에 빠지는 이유 중 하나이다. 또 대부분의 시간 관리 강좌에서 시작 부분에 적어도 등록한 사람의 5%는 바빠서 못 오겠다고 전화하는 이유도 바로 그 때문이다.

커피를 들고 앉아 생각할 때, 마음 속에서 우리의 첫 출발지였던 경영대 도서관과 잭이라는 청년이 늙은 '청소부'에게 했던 질문으로 되돌아가보자. "무엇이 성공인가, 성공하면서도 자신의 인생을 가질 수 있는 것인가?"

몇 년 전 회계사 자격증을 갖고 있는 한 친구가 쌍발 엔진 경비행기를 타고 시카고 공항으로 가고 있을 때였다. 비행기는 그의 매부인 리치와 조종사가 반반씩 소유하고 있었다. 비행기에서 내 친구 매튜는 인생 목표를 적고 있었다. 대부분이 물질에 대한 것이었고 매튜가 분명 달성할 수 있다고 믿는 것들이었다. 앞으로 10년 후에는 돈을 얼마나 벌 수 있을까, 회사 편지지의 파트너 명단에 그의 지위가 뭐라고 나오게 될까, 얼마짜리 집에 살게 될까

뭐 그런 것들이었다. 이 모습을 흥미 있게 바라보던 리치가 말했다. "나도 그런 방향 설정이 좀 필요한데, 인생 목표를 어떻게 세워야 하는지 나한테도 좀 가르쳐줘." 매튜는 기꺼이 그러겠다고 했다. 매튜는 성공한데다가, 뭐든 '성취할 수 있는' 사람이었고 게다가 비행기도 무료로 얻어 타고 가던 참이었다.

바로 그때 조종사가 몸을 돌리며 말했다.

"리치, 좌측 엔진에 문제가 생겼어."

매튜는 비행기 안의 기압이 갑자기 바뀌는 것을 느낄 수 있었다고 했다. 고도가 떨어지고 있었다. 조종사는 다시 몸을 돌렸고 이번에는 목소리마저 좀더 긴장돼 있었다.

"리치, 경고등이 들어왔어."

그 다음 말은 마치 다른 세상에서 들려오는 것 같았다. 분명 바로 전만 해도 평온하고 안전하게 보이던 세상의 것은 아니었다. 리치는 말했다.

"그 엔진은 꺼."

그 몇 십분의 1초 밖에 안될 짧은 순간 동안 매튜는 아직 무릎 위에 놓여 있던 자신의 인생 목표 리스트를 보게 됐다고 한다. 그리고 왼쪽 창을 통해 프로펠러가 멈추는 것을 본 다음 다시 리스

트로 눈이 갔다. 그리고 숨을 죽여 이렇게 말했다.

"이것들은 내 인생 목표가 아니야! 그 보다는 더 큰 목표가 있어. 나는 더 좋은 아빠, 더 좋은 남편이 되고 싶어. 이 세상을 지금보다 더 좋은 곳으로 만들어 놓고 떠나고 싶어."

이제 비행기는 구름 사이를 뚫고 내려와 활주로가 눈에 들어왔다. 세 사람 다 쉬운 착륙이 아닐 거라는 사실을 알고 있었다. 쌍발 엔진 비행기에서 한 엔진에만 의존해 착륙한다는 것이 쉽지 않았고, 비슷한 상황에서 실패한 조종사들도 있었기 때문이다. 매튜는 말했다.

"활주로로 다가가면서 소방차와 앰뷸런스들이 우리 곁을 따라 달려오는 것을 볼 수 있었습니다. 그리고 제설차 같은 것도 있더군요. 비행기는 좀 거칠기는 했지만 활주로에 무사히 내렸고, 무섭게 앞으로 돌진하다가 동체가 좀 기울어졌고, 가슴이 터지는줄 알았지만 아무튼 마침내 멈춰서는 것을 느낄 수 있었습니다. 나는 숨을 가쁘게 몰아 쉬며 리치에게 물었습니다. "제설차는 왜 나와 있어요?"

리치는 조용히 이렇게 말했습니다.

"매튜, 우리 비행기 문제 때문에 우리 위쪽에 점보 747기들이

잔뜩 밀려 착륙 지시를 기다리고 있거든. 그러니까 만약 우리가 착륙에 실패하면 활주로에서 잔해를 급히 치워야 하기 때문이야."

매튜가 그 경험에 대해 감사하게 여길거라 나는 확신한다. 그는 그 이후에도 계속 크게 승승장구했지만 그래도 전처럼 그 성공이 그의 인생을 지배하지는 않았다. 그가 자기가 하는 일을 좋아하지 않게 됐다거나 그런 말이 아니라, 그는 일을 인생 전체의 구도 속에서 보게 됐다는 말이다. 예수님은 그것을 이렇게 말씀하셨다. "만일 온 세상을 얻고도 자신의 영혼을 잃는다면 무슨 소용이 있을까?"

20년도 더 되었지만 그 해 7월에 겪은 사건으로 인해 내 친구의 미래는 바뀌었다. '미래를 바꾼다' 는 것은 얼마다 대단한 것인가. 그 말을 만들어낸 것은 저명한 미래학자 앨빈 토플러(Alvin Toffler)였다. 그는 "우리가 역사로부터 배우지 않는다면 과거 일을 되풀이해야 한다는 것은 사실이다. 그러나 우리가 미래를 바꾸지 않는다면 그대로를 견뎌야 하는데, 그것은 더 나쁜 것일 수 있다."

찰스 디킨스의 『크리스마스 캐롤』에 나오는 역사상 가장 유명

한 사업가인 주인공 스크루지의 생각을 지배한 것도 이 미래라는 문제였다. 그의 사업 계획은 예정대로 진행되고, 생산은 향상되고, 현금 흐름도 잘 관리되고 있었지만 그래도 아무튼 그 며칠간이 아주 괴로운 나날들이었을 것이다. 그는 사업 파트너를 제거했다고 생각했지만 스크루지 이후 많은 사업가들이 깨달았듯이 다루기 힘든 파트너들은 그렇게 쉽게 사라져 주지 않는다. 그리고 말리의 유령은 스크루지에게 앞날의 모습을 보여준다. 그에게 보인 장면은 끔찍한 것이었다. 스크루지는 자기를 전혀 존중하지도 않는 사람들이 자기의 재산을 나눠 갖는 것을 보고, 마침내 유령에 이끌려 묘비명 앞으로 가게 된다. 비석의 이끼를 닦아내자 자신의 이름이 드러난다. 그리고 우리의 기준에 따르면 많은 면에서 성공을 거둔 탁월한 사업가 스크루지가 자기 생애에서 가장 통렬한 의문을 입밖에 내게 되는 것이 바로 그 충격적인 장면에서였다.

"고작 이것이 앞으로 일어나거나 일어날 수 있는 일들의 모습이라는 말인가?… 제발 내가 이 모습들을 바꿀 수 있다고 말해주시오."

다시 말하면, 이제 자신의 미래를 바꾸기에는 때가 너무 늦었느냐고 묻고 있는 것이었다. 하지만 우리의 미래를 좀더 분명히 내

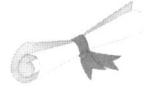

다보고 방향을 바꾸기 위해 그 정도로 극적인 사건이 필요한 것일까? 인생에서 뭐가 중요한지를 제대로 알기 위해 모두가 다 경비행기를 타거나 유령에 이끌려 미래 여행을 해야만 하는 걸까? 아마 꼭 그렇지는 않겠지만 한 가지 확실한 사실은 우리에게 정말 중요한 것이 있다면, 우리가 늙은 다음 과거를 되돌아보며 "이것이 내가 한 일이고 이것이 나였다"라고 말할 만큼 중요한 것이 있다면, 바로 오늘 변화를 일으키는 일을 시작하고 씨를 뿌려야 한다는 점이다. 잭이라는 청년이 '청소부'에게 물었던 다른 한 가지 질문은 아직도 미해결로 남아있다. '성공하면서도 자신의 인생을 가질 수 있는 것인가?' 아마 지금도 수천 명의 젊은이들이 똑같은 의문을 품고 도서관에서 서성대고 있을지도 모른다. 하지만 상황이 변하고 있는 것 같기는 하다. 적어도 경영 대학원들은 기업체에서 '인간'이 '일 벌'보다 훨씬 더 도움이 된다는 사실에 눈을 뜨고 있는 것으로 보인다. 최근 한 하버드 대학 사람은 이렇게 말했다.

"우리는 다들 그렇듯이 야심과 의욕에 관심을 두고 있습니다. 그러나 그런 것을 가치관, 사상, 인간관계 등 사람을 사람답게 만드는 인격으로 조절할 줄 모르는 지원자들을 원하지 않습니다."

세미나를 진행하며 나는 가끔 청중들에게 60초 동안만 아무 것도 하지 말고 조용히 있어보라고 하곤 한다. 대개는 내가 말한 대로 하지만 20초 정도 지나면 어떤 사람들은 불안해 하는 것이 눈에 보일 정도이다. 그 사람들은 안절부절못하고 손가락으로 테이블을 치거나 걱정스러운 얼굴로 주위를 둘러보기 시작한다. 그런 양상을 여러 번 보고서야 그 이유를 알게 되었다. 그 사람들은 어른이 된 후 평생 단 1분도 가만히 있어본 적이 없었던 것이다. 그들은 조용한 방에 그냥 앉아 있거나, 공원을 거닐거나 하는 등의 자기 자신을 위한 시간을 가져보지 못한 것이다.

이 글을 마치며 이 책이 독자들 마음에 들기를 바라는 마음이다. 적어도 이 책을 읽었다는 사실만으로도 여러분은 대부분의 사람들이 40년 동안 일을 하면서도 못한 일을 한 셈이다. 여러분은 시간을 내어 "도대체 이 모든 것들이 무엇인가?", "누구를 위하여 일을 하고 있나?", 또 무엇보다도 "왜 하고 있나?"에 대해 생각했기 때문이다. 아마 이 의문들이 진정한 성공에 대한 답을 줄 것이다.

아무튼, 머레이 교수는 이에 동의했을 것이다.

성공이 그대를 부르기 전에

초판 1쇄 인쇄 2002년 12월 19일
초판 1쇄 발행 2002년 12월 24일

지은이 롭 파슨즈   **옮긴이** 최정숙
펴낸이 성의현   **펴낸곳** 미래의창

기획실장 김성옥   **편집** 김규정 · 최윤희
편집디자인 민은숙   **홍보 · 마케팅** 홍화수
표지디자인 팽현영

등록 제 10-1962 (2000년 5월 3일)
서울시 마포구 합정동 411-2 평화빌딩 3층
전화) 338-5175 / 팩스) 338-5140
e-mail miraebook@yahoo.com
      miraebook@chollian.net

ISBN 89-89353-34-3 03320

400이 넘어 일과 인생을 반추하다

40대에 다시 쓰는
내 인생의 이력서

인생의 후반전을 준비하는 대한민국 아저씨들을 위한
인생 업그레이드 제안

"지금 편안함에 안주한다면, 미래는
더 이상 편하지 않을 것이다."

은퇴는 영어로 타이어를 다시 갈아끼운다는 의미인 리타이어(retire).
그 동안 열심히 사느라고 닳아빠진 타이어를 어떻게 갈아 끼울 것이냐,
타이어를 교체한 후 어느 방향으로 달릴 것이냐를 생각하는 것이 오늘을
사는 사람들이 숙고해야 할 주제이다. 은퇴란 없다.

공학박사로 39세에 최연소 이사까지 올랐던 저자가 과감히 사표를 던진
이야기, 컨설턴트로 새 삶을 시작해 성공하기까지의 이야기를 풀어놓았다.
가벼운 수필을 읽듯 즐거움이 있다. 그러나 다 읽고나면 묵직한 부담감도
느껴진다. ― *경향신문 책마을*

한근태 지음 / 신국판 / 198면 / 8,000원

전설의 검객, 미야모토 무사시가
전하는 불패의 전략

오륜서

"모든 CEO들에게 이 책을 추천한다."
- 제프리 J. 폭스, *How to Become CEO*의 저자

땅, 물, 불, 바람, 하늘
일본의 전설적인 무인 미야모토 무사시가 350년 전에 쓴 병법의 도

미국 최대 인터넷 서점인 아마존은 "모든 종류의 경쟁에
적용되는 탁월한 전략서"라는 찬사와 더불어 일본의 〈오륜서〉를
중국의 〈손자병법〉에 버금가는 책으로 꼽는다. — 서울경제신문

미야모토 무사시 지음 / 양원곤 옮김 / 신국판 / 152면 / 8,500원